El jamón

Guillermo Descalzi

El jamón

AGUILAR

© 2009, Guillermo Descalzi

De esta edición:
© 2009, Santillana USA Publishing Company, Inc.
2023 N. W. 84th Avenue
Doral, FL, 33122
Teléfono: (305) 591-9522

El jamón
ISBN10: 1-60396-614-5
ISBN13: 978-1-60396-614-6

Diseño de cubierta: Sebastián Bellger
Diseño de interiores: Gerardo Hernández Clark

Se han tomado todas las medidas posibles para obtener los permisos de uso necesarios para los materiales cuyos derechos no son propiedad de la Editorial. Cualquier error u omisión será corregido en subsecuentes reimpresiones conforme sea accesible nueva información.

Every effort has been made to secure permission for all the materials for which the Publisher owns no rights. Any errors or omissions will be corrected in future printings as information becomes available.

Todos los derechos reservados. Esta publicación no puede ser reproducida, ni en todo ni en parte, ni registrada en o transmitida por un sistema de recuperación de información, en ninguna forma ni por ningún medio, sea mecánico, fotoquímico, electrónico, magnético, electroóptico, por fotocopia o cualquier otro, sin el permiso previo por escrito de la editorial.

Published in the United States of America
Printed in Colombia by D'vinni S.A.

12 11 10 09   1 2 3 4 5 6 7 8 9 10

A Rosita, mi esposa, con amor

Cultivo una rosa blanca
en junio como en enero
para la mujer sincera
que me dio su mano franca.
(Paráfrasis de "Cultivo una rosa blanca", de José Martí.)

Aguilar es un sello editorial del Grupo Santillana

Argentina
Avda. Leandro N. Alem, 720
C 1001 AAP Buenos Aires
Tel. (54 114) 119 50 00
Fax (54 114) 912 74 40

Bolivia
Avda. Arce, 2333
La Paz
Tel. (591 2) 44 11 22
Fax (591 2) 44 22 08

Chile
Dr. Aníbal Ariztía, 1444
Providencia
Santiago de Chile
Tel. (56 2) 384 30 00
Fax (56 2) 384 30 60

Colombia
Calle 80, 9-69
Bogotá
Tel. (57 1) 635 12 00
Fax (57 1) 236 93 82

Costa Rica
La Uruca
Del Edificio de Aviación Civil 200 m al Oeste
San José de Costa Rica
Tel. (506) 22 20 42 42 y 25 20 05 05
Fax (506) 22 20 13 20

Ecuador
Avda. Eloy Alfaro, 33-3470 y Avda. 6 de Diciembre
Quito
Tel. (593 2) 244 66 56 y 244 21 54
Fax (593 2) 244 87 91

El Salvador
Siemens, 51
Zona Industrial Santa Elena
Antiguo Cuscatlan - La Libertad
Tel. (503) 2 505 89 y 2 289 89 20
Fax (503) 2 278 60 66

España
Torrelaguna, 60
28043 Madrid
Tel. (34 91) 744 90 60
Fax (34 91) 744 92 24

Estados Unidos
2023 N.W 84th Avenue
Doral, FL 33122
Tel. (1 305) 591 95 22 y 591 22 32
Fax (1 305) 591 74 73

Guatemala
7ª Avda. 11-11
Zona 9
Guatemala C.A.
Tel. (502) 24 29 43 00
Fax (502) 24 29 43 43

Honduras
Colonia Tepeyac Contigua a Banco Cuscatlan
Boulevard Juan Pablo, frente al Templo
Adventista 7º Día, Casa 1626
Tegucigalpa
Tel. (504) 239 98 84

México
Avda. Universidad, 767
Colonia del Valle
03100 México D.F.
Tel. (52 5) 554 20 75 30
Fax (52 5) 556 01 10 67

Panamá
Vía Transísmica, Urb. Industrial Orillac,
Calle Segunda, local 9
Ciudad de Panamá
Tel. (507) 261 29 95

Paraguay
Avda. Venezuela, 276,
entre Mariscal López y España
Asunción
Tel./fax (595 21) 213 294 y 214 983

Perú
Avda. Primavera, 2160
Surco
Lima 33
Tel. (51 1) 313 40 00
Fax. (51 1) 313 40 01

Puerto Rico
Avda. Roosevelt, 1506
Guaynabo 00968
Puerto Rico
Tel. (1 787) 781 98 00
Fax (1 787) 782 61 49

República Dominicana
Juan Sánchez Ramírez, 9
Gazcue
Santo Domingo R.D.
Tel. (1809) 682 13 82 y 221 08 70
Fax (1809) 689 10 22

Uruguay
Constitución, 1889
11800 Montevideo
Tel. (598 2) 402 73 42 y 402 72 71
Fax (598 2) 401 51 86

Venezuela
Avda. Rómulo Gallegos
Edificio Zulia, 1º - Sector Monte Cristo
Boleita Norte
Caracas
Tel. (58 212) 235 30 33
Fax (58 212) 239 10 51

Índice

Prefacio 11

I. De cómo llegar a ser jamón entero 13
II. El pasado del jamón 23
III. La disyuntiva y el pasado de mi jamón 27
IV. Reconectando el gran jamón 33
V. La verdad 37
VI. El fénix y el renacer 45
VII. *Baby steps* 49
VIII. El ser del jamón 57
IX. El camino 63
X. Nuestro espíritu 71
XI. De jamonis 73
XII. La soledad 79
XIII. Vida y muerte del jamón 85
XIV. La *m* del jamón 91

xv. Miedo, arrogancia y vanidad del jamón 101

xvi. El jamón, la libertad y la felicidad 107

xvii. El significado de ser jamón 113

xviii. Las guías del jamón 121

xix. La aceptación y el perdón del jamón 131

xx. La transustanciación del jamón 141

xxi. El jamón y la muerte 145

Epílogo 149

Prefacio

El jamón es mi primer libro después de *El príncipe de los mendigos*. No había escrito nada en los diez años entre uno y otro porque no tenía mucho que decir. Algunas de las historias y los conceptos que aquí se tocan fueron tratados previamente en *El príncipe*. Reconocerán párrafos que ya aparecieron allí. En *El príncipe* son parte del desarrollo de mi historia personal, y los conceptos iban saliendo en la medida en que los fui viviendo. En *El jamón*, los conceptos no están en orden cronológico sino existencial y se presentan en un entorno metafísico. Se unen en aglomeraciones alrededor de un punto central: la fugacidad del presente.

La manera como se corta el jamón es una buena analogía de cómo pasa el tiempo. El presente va llegando a nosotros incesantemente, un presente tras otro, como rebanadas que quedan atrás tan pronto han sido cortadas. La rebanada presente, la que está en proceso de ser cortada, es desprendida de su propio futuro por la cuchilla de la rebanadora, que le impide ver lo que aún está por llegar. Así vivimos nosotros, de día en día, en solitarias rebanaditas diarias, separadas de las que ya cayeron en el pasado e ignorantes de las que están aún por venir. Así vivimos.

No somos, en cualquier instante dado, más que una mínima fracción de nuestro ser total. Nuestras vidas proceden igualmente así, como en tajaditas. Lo que ya pasó, pasó, y lo que ha de venir aún no está.

En *El jamón* doy un salto de la filosofía a la cosmología. Incorporo los últimos adelantos de la astronomía y la astrofísica modernas al campo conceptual de la naturaleza de la existencia. Conociendo claramente mis limitaciones sé también que presento un modelo real —en la medida en que la metafísica puede ser real— de la existencia. Lo que presento es existencialismo al día. El símil del jamón y la vida tiene sus limitaciones y sólo sirve hasta determinado punto, mas allá del cual la analogía se vuelve inoperante. Espero que lo disfruten.

Guillermo Descalzi
Miami, 2009.

I

DE CÓMO LLEGAR A SER JAMÓN ENTERO

...Porque generalmente no somos más que una rebanadita del gran jamón.

Aun hoy, mirando para atrás, me llegan ondas de la inseguridad que asoló mi vida en los años de mi juventud. Vivía, por alguna razón u otra, con una casi permanente angustia de trasfondo. Quizás era porque me sentía poquita cosa. Viví los años de mi educación primaria y secundaria dentro de una nube gris. Asistí a una escuela elitista, el colegio Markaham, una institución inglesa en Lima, Perú, a la que ingresé en Kindergarten en 1952. En 1959, cuando llegué a la secundaria, empecé a darle un poquito de tranquilidad a mis mañanas comiendo un pancito con jamón durante los recreos. Le llamaban "butifarra" y las vendía el Sr. Orbegozo, uno de los dos profesores de educación física del colegio. Vendía butifarras de jamón con cebolla encurtida. Hacían que olvidara mi ansiedad aunque fuese por unos breves instantes. Cincuenta años después, en este 2009 en que escribo estas líneas, esa rodaja diaria de jamón con pan y cebolla se convertiría para mí en un símbolo del tiempo que nos toca vivir. El tiempo que nos toca vivir lo vamos "comiendo" —lo vamos viviendo— en rebanaditas cortadas de nuestra vida. Se rebanan como se rebana el jamón, de momento en momento, minuto a minuto, día a día, semana en semana, un año tras otro. Nunca seremos en cualquier instante de nuestras vidas, más que una rebanadita del gran jamón. Nunca seremos el jamón entero en esta vida. El jamón, al igual que nuestro ser y nuestra vida, se da a nosotros en rodajas y sólo en rodajas. En cualquier instante no somos más que una rebanada. Somos, segundo a segundo, solamente una pequeña, la más fina y casi transparente rebanada del gran jamón de nuestro ser y nuestra vida. Es para acompañar esa rebanadita que pedimos el pan nuestro de cada día. El jamón podría orar así:

Padre nuestro que estás en los cielos
danos hoy el pan
para la rebanadita nuestra
que somos en este día...

Detrás de nuestra rebanada diaria está todo el jamón que ya se desprendió de nosotros, y por delante está todo ese jamón que no alcanzamos a ver... porque lo tapa la cuchilla rebanadora... y entre todo lo que ya fue y lo que aún no es, lo que somos no es más que la... "rebanadita del momento". Nuestro presente no es más que una pequeñísima, casi invisible, transparente... rebanadita del gran jamón de nuestra vida... tan fina que somos casi... invisibles.

Esa rebanadita que creemos tan sólida el día de hoy es casi, casi... invisible. Es muy, muy tenue. Nos creemos sólidos cuando en realidad somos... mayormente vacío. Si se extrajesen todos los espacios vacíos de nuestro cuerpo, parte por parte, célula por célula, átomo por átomo, partícula por partícula... no seríamos del tamaño ni de un granito de arena. Nos creemos sólidos porque así nos vemos, porque así nos consideramos, pero... comprimamos la rebanadita de jamón, extraigamos de ella todos sus vacíos... y no la podremos ni ver. Es por eso que la inseguridad permea nuestras vidas. Fui... ya no soy... ¿Qué soy... seguiré siendo lo que fui? ¿Iré a ser...? ¿Seré... suficiente ahora, ahori-ti-ti-ta? Queremos creernos el jamón entero, pero en el fondo sabemos que no somos más que una rebanada.

Esa inseguridad, la angustia existencial, esa callada ansiedad que generalmente sentimos allí, en el fondo de nuestro estómago, viene de sentir, más que de saber, nuestra pequeñez. Somos... casi nada. No en vano la mayoría de nosotros vivimos con tremendos miedos y tensiones ocultas, ¿O no? Queremos darle solidez a nuestras vidas, pero en el proceso de hacerlo confundimos el volvernos reales con el llenarnos. Llenarnos, llenarnos para darle solidez a nuestro ser, apuntalando, colocando vigas y edificando columnas para levantar la estructura de nuestras vidas: eso es lo que empezamos a hacer de manera inconsciente casi desde el momento mismo en que nacemos, desde el primer llanto por la primera leche.

La vida es una búsqueda de realidad. Somos proyectos, casi sólo una ilusión... Quizás no lo sabemos, pero sí lo sentimos. La tarea del transcurso de nuestras vidas es la adquisición de realidad, de volvernos reales. Para volvernos reales y para adquirir solidez, tenemos que ser verdaderos. Ser verdaderos es decir lo que se siente y sentir lo que se dice. Es unir cabeza y corazón, pensamiento y sentimiento para crear una tercera persona en nosotros: la persona de nuestra verdad. Es una trinidad: pensamiento-sentimiento-verdad.

La vida nos ofrece la posibilidad de instalar la trinidad en nosotros. La trinidad en nosotros tiene un lado mental, otro emocional, y en la unión de ambos se hace presente en nosotros el ser verdadero. Mientras tanto, mientras no hayamos unido las partes en nosotros, la imagen y semejanza del Ser en nosotros no será más que una posibilidad.

Tres unidos en una persona. La Trinidad divina de padre creador, espíritu formativo e hijo en la unión de ambos no cobrará vida en nosotros hasta que hayamos unido mente y corazón y haya nacido en nosotros la verdad. Por eso dice Jesús: "Yo soy la verdad". La verdad es viva y la trinidad se instala con ella en nosotros. Sólo cuando instalamos la verdad podemos, en realidad, decir que somos a imagen y semejanza de Dios.

¿Cuándo es que somos verdaderos? La verdad nace en nosotros cuando nuestra cabeza y nuestro corazón se aceptan. La verdad se da en la unión de ambos. En el momento de su unión habremos nacido a la vida plena. Cuando eso ocurre se da lo que en términos religiosos se llama renacer. No habrá llegado el ser verdadero a nosotros hasta ese momento, porque el ser requiere la unión de sus partes. Un ser dividido no existe.

Antes de la unión de nuestra mente y nuestro corazón, en nosotros habrá dos corrientes que hablan con lengua bifurcada. Tras su unión es la voz del ser la que habla en nosotros, la voz del ser creado a imagen y semejanza de la Trinidad divina.

Nacemos siendo sólo promesas… de lo que podemos llegar a ser. Nada más. En realidad casi no somos… nada, nunca, jamás. La mayoría morimos así: como promesa… incumplida. Acabamos nuestras vidas sin haber hecho de la promesa una realidad: morimos sin haber llegado a ser reales, a ser de verdad, a ser verdaderos. La mayoría de nosotros muere sin haber instalado la trinidad dentro de sí.

El dolor, la angustia por lo que pudo ser y ya no es, la ansiedad por lo que queremos que sea a pesar de que quizás nunca llegue a ser: todo eso por lo cual o contra lo cual luchamos… todo encuentra su resolución de una sola manera, solamente de un modo: volviéndonos reales. Llegando a ser verdaderos. En la unión de mente y corazón, allí se da la verdad. La verdad siempre es personal. Ser… "real", ser… "verdadero"… es tener mente y corazón unidos en nuestra propia trinidad.

Desafortunadamente, la búsqueda de algo para llenar nuestras vidas la emprendemos siempre dirigiendo nuestra vista hacia afuera, nunca hacia adentro. Después de todo, nuestros ojos miran para afuera. Y una cosa más: desde el punto de vista del jamón todo es carne, nada es espíritu. Es porque la forma es obvia mientras que la esencia no tiene presencia física.

Quizás ésa es la raíz del pecado original: el emprender nuestras vidas guiándonos por la forma, por lo exterior y lo físico, porque su presencia es manifiesta. Buscamos llenarnos con las cosas de afuera. Lo interior, la verdad, ¿quién tiene su vista puesta hacia adentro al iniciar su carrera por la vida? La gran carrera por la vida la emprendemos todos buscando llenarnos... de afuera hacia adentro... Buscamos leche y sueño, calor y abrigo, y seguimos luego con juguetes, ropa, imagen, casa, carro, posición y poder... buscamos lo que queramos para darle lustre a nuestros nombres... para volvernos tangiblemente "sustanciales".

Confundimos la sustancia tangible con la esencia intangible. Lograda la sustancia tangible nos consideramos "hechos". ¡Eso, ya la hice! ¿Y la esencia? No importa. Es como si dijéramos "mira lo jugoso y sustancioso de mi jamón y verás que nada más importa". Es más, en la acepción actual, "sustancia" es lo mismo que "esencia". Leo en el diccionario: "sustancia. Ser, esencia o naturaleza de algo". Es una confusión que llega incluso al diccionario, y que se origina en la concepción aristotélica de sustancia como "lo que es en sí y de por sí"... ¡pero vayan a hablarle de esto al jamón! El jamón lo único que ve es carne.

La gran mayoría de nuestras tajaditas de jamón, cada una de esas tajaditas que somos de instante a instante, viven presas de ataques de ansiedad al sentir —más que saber— que no son más que una rebanadita finita del gran jamón, una rebanadita casi transparente, tanto que casi no llega a darle ni un asomo de sabor al pan que le pedimos al Padre nuestro que nos dé hoy y en cada uno de los días de nuestras vidas.

Nos la pasamos tratando de darle sabor a las mordidas de nuestro pan... sabor... como si a más jamón, más sabor; y como para el jamón todo es carne y nada espíritu... empezamos a llenarnos de carne. La rebanada actual, la que está en proceso de corte, trata de no perder ni un trocito de las rebanaditas que le precedieron, a pesar de que ya han caído al montoncito de rebanadas cortadas. No se da cuenta de que la carne cortada se pudre con el tiempo... Ése es el significado de la historia del maná en el libro de Éxodo, capítulo 16: No se debe acaparar.

Y Moisés les dijo: Ninguno guarde nada de ello hasta el día siguiente. Pero no obedecieron a Moisés, sino que algunos guardaron algo para el día siguiente; pero crió gusanos y hedió. (Éxodo 16)

Hay que saber dejar pasar... sin atesorar. Pero el jamón no quiere dejar pasar y atesora todas sus rebanadas. Detrás de la rebanadita actual —la de ahora— están todas las rebanadas que quedaron... en el pasado... y adelante está todo el jamón que vendrá... La pequeña rebanadita entre esos dos bloques, esa rebanadita "de hoy" es muy creída: se cree el Gran Jamón... siendo sólo una rebanadita que casi no es... pegada a su pasado... separada de su futuro... por el cuchillo de la rebanadora existencial. El énfasis está en "se cree".

En todos nosotros hay una persona de apariencia, el ego. El ego es la superficie de relación que nos envuelve y conecta con el resto del existir. Todo pasa por el ego, porque está, precisamente, en esa superficie de relación entre nosotros y lo demás. Por eso es muy creído. El ego se cree dueño de todo, cree que es el Gran Jamón. Es más, no sólo lo cree sino que es el jamón, porque el jamón es solamente carne y la carne es lo sustancial en la vida del ego. Lo esencial no lo ve. La esencia es etérea. La sustancia es tangible. Por eso el ego toma gato por liebre, sustancia por esencia. La "jamonización" del ego comienza al ser incapaz de percibir la esencia y se completa cuando al cuidar la sustancia se olvida de lo demás.

Cuidando su sustancia, el jamón comete una gran imprudencia. Se prende, se agarra de todas las rodajitas pasadas para "no perderlas". Hay una tajada de turno en cualquier momento de nuestra vida. Es la tajada del momento. La tajada de turno ha recibido de la tajada anterior los remos del bote de su vida, y se cree "en control". Lo primero que busca es no perder nada de sí. Se aferra a todas las tajadas que le precedieron. Las arrastra tras ella, o las carga, para no perderlas. Cree que en su acumulación está su ser.

Acumula y serás... ese parece ser el encargo con el cual la tajada del momento recibe los remos de su barca. Nuestro ego "jamónico" hace exactamente eso: se prende de todo lo que puede. Es una gran rata cambista. En su madriguera están los deshechos de todo lo que ha encontrado a su paso por el desierto de su vida. Desafortunadamente las tajadas pasadas se pudren y las ocultamos porque se pudren. Apestan, pero aun así el jamón las atesora y las guarda para no perder. Es como si el ganar dependiese de la acumulación de todo lo que se es y todo lo que se fue, incluyendo la porquería.

II

El pasado del jamón
El jamón preocupado.

El pasado, para la inmensa mayoría de nosotros, se convierte en una carga pesada, maloliente, que arrastramos casi sin saberlo. Muy pocas veces llevamos bien nuestro pasado. Es que no sabemos cómo dejarlo pasar. La gran mayoría se confunde al contemplar su propio pasado, esa parte del jamón que se pudre. No sabemos qué hacer con ella, pero tampoco la podemos soltar. Arrastramos en consecuencia un pasado muerto... y todos sabemos lo que pasa con lo muerto, ¿no? Su olor llega hasta nosotros y nos apesta.

¿Qué hacer? Hay que darse cuenta de que la digestión del presente convierte partes del jamón en alimento y partes en excremento, y que sólo podemos conservar aquello que alimenta. ¿Y cuál es el propósito de la alimentación? No es alimentar el jamón. El propósito es transformarlo, elevarlo, alimentar su esencia de manera que se vuelva imperecedero. Imagínense un jamón que nunca se pudra, uno incorporado en el espíritu y que, como espíritu, sea imperecedero. ¿Tendrá el jamón derecho a soñar con eso? Sí, pero el problema es que trata de llenarse de carne, no de espíritu.

El jamoncito vive preocupado por conservar todo lo que fue y por adquirir todo lo que aún no es... El jamoncito debería tomar nota del lema mercantilista del siglo XVII: *laissez faire, laissez passer, le monde va de lui meme.* Es un buen lema para el jamón: deja que las cosas pasen, que la gente haga, deja que todo ocurra, porque nada hará cambiar al mundo, porque los jamones jamás podrán cambiar el curso del mundo, mientras sigan siendo meros jamones.

El jamón es nuestro ser falso, nuestro multifacético ser falso, y mientras sea sólo jamón no podrá cambiar el curso de su realidad. Una vez integrado en lo real, se transforma: algo del jamón que una vez fue queda en él, pero su función cambia, y con eso su ser.

"*Laissez faire...*" es un grito de lo que hoy llamaríamos un capitalismo salvaje, pero que para el jamón no es un mal lema de vida. De esa manera deja ir lo pasado. De lo contrario los muertos cargan a sus muertos. La limpieza del pasado se inicia soltando, dejando ir. Lo que no se puede digerir no se guarda. Se deja ir, así de simple.

Todos tenemos una actitud ambivalente hacia nuestro pasado. No lo queremos dejar ir pero tampoco queremos que nos afecte su pestilencia. Lo queremos y lo rechazamos a la vez. Rechazamos mucho de lo que fuimos, de lo que hicimos, rechazamos esto y lo otro, rechazamos mucho de lo que "nos pasó" y de lo que "no nos pasó" para que no nos afecte, y lo tapamos para que la gente "no se dé cuenta". Gran error. Procuramos limpiarnos ocultando lo que rechazamos. No nos damos cuenta de que ocultar es guardar. Lo que hay que hacer es soltar. Ocultar nunca limpia. La peste del pasado oculto que arrastramos llega inevitablemente hasta nosotros y con esa peste aguardamos nuestro futuro. Hay que desenterrar el pasado, redigerirlo e incorporarlo, y lo que no se incorpore, para fuera, se va.

Uno lo desecha haciéndolo público, mostrándolo, aireándolo, desocultándolo, de nosotros mismos y de los demás. Es un remedio duro pero el único que hay.

No hay nada tan feo en nuestra vida pasada que no pueda digerirse nuevamente para disponer de ello y así limpiar nuestro presente, de manera que el futuro llegue a nosotros, o nosotros lleguemos a él, con buen olor.

La elección es fácil: nuestro pasado nos pudre o —por difícil que sea— lo digerimos nuevamente (y nunca es demasiado tarde para esto), y usamos cuanto se pueda salvar de él para dar nuevo sustento a nuestra vida, cortando las amarras con lo demás. Porque siempre, siempre, la vida da vida y la muerte da muerte. No arrastres tu pasado, incorpóralo, digiérelo, y no importa lo que hayas hecho, eso te ha de liberar.

En todo pasado encontraremos algo que nos dé fuerza, y mucho que tendremos que botar. En todo hay algo bueno. El resto, lo que no asimilamos luego de haberlo digerido, se vuelve estiércol, y también es bueno… como estiércol. Yo fui drogadicto. Fulanito de tal es gay. Si enterramos lo que somos o lo que fuimos, pobres de nosotros. Si lo digerimos, siempre, siempre encontraremos fuerza y nuevo sustento para la vida.

Eso en cuanto al jamón del ayer. ¿Y el jamón del mañana? Ésa es otra historia. Creemos que va a estar perfumado de magnolias, rociado de mañanitas. Nos rodeamos de esa ilusión por la sencilla necesidad de escapar a este presente nuestro, ya podrido, maloliente y lastrado por el pasado que arrastramos, y por eso proyectamos un futuro totalmente desvinculado a la realidad. Proyectamos un futuro falso, y proyectándolo así, falso, acabamos siendo falsos también. Así es la vida de los jamones. No aguantan su presente del susto que tienen por el pasado que arrastran, y sueñan con que mañana les brotarán alas con las que volarán de flor en flor.

Para la gran mayoría, nuestro presente es una trampa. Nos encontramos entre el pasado muerto que arrastramos y un futuro que nunca se dará, por ilusorio.

Entre muertos e ilusiones, allí vivimos la mayoría —o mejor dicho, no vivimos, porque es un simulacro de vida—. Somos los "no vivos".

III

La disyuntiva y el pasado de mi jamón

De cómo enfrenté mi disyuntiva. Ser o estar:
ésa es la pregunta.

La mayoría de nosotros no es. Sólo está. No somos, estamos.

La gran mayoría estamos medio muertos aquí, en vida. No importa cuántos coches, cuántas casas, qué posición ni qué poder tengamos, ni cuánto sea lo que podamos ostentar, estamos medio muertos la mayor parte del tiempo. Y como no podemos estar sólo medio muertos, la conclusión es que la gran mayoría vivimos muertos. Vivimos como verdaderos vampiros, los *undead*, los "no muertos" pero "no vivos". Somos los "no vivos". Esos vampiros están por todos lados.

Hay que revivir. Hay que renacer, como el fénix, de nuestras cenizas, que dejamos en la quema, la digestión, de lo que fuimos. Se empieza abrazándonos, levantando todo lo que hicimos y todo lo que fuimos y volviéndolo a pasar por nuestro organismo. Sólo así podremos cobrar nueva vida: digiriendo de nuevo todo lo que hemos venido arrastrando, renaciendo en la quema de los ácidos en la digestión de la vida, renaciendo literalmente de nuestras cenizas. Es un renacer constante.

Nosotros no estamos entre el ser o no ser de Hamlet. Nuestra disyuntiva no es ser o no ser. Eso sería demasiado heroico. "Ser o no ser" no está a nuestro alcance. Para nosotros es sencillamente ser o estar, y como la mayor parte del tiempo sencillamente no somos... entonces solamente estamos. Y la inmensa mayoría estamos muy mal, mal, en mala situación. Esa rebanadita nuestra, la de nuestro presente actual, está mal, huele mal, está pegada a un pasado muerto, proyectando un futuro que nunca llegará porque no es real. Así es que, tomando en cuenta que sencillamente no somos, todo lo que sigue es acerca de un mismo tema: cómo llegar a ser... Qué hacer hoy para no arrastrar nuestro pasado como carga muerta, y qué hacer hoy para que mañana podamos elevarnos sobre el lugar donde estamos hoy. Cómo empezar a ser y dejar de estar.

En mi vida yo arrastré un jamón muy podrido y proyecté futuros totalmente falsos, envuelto en vapores de alcohol, rociado de la cocaína más pura que pude encontrar. Oscilé entre pesadilla e ilusión, y fui un experto en ambas. La verdad era ajena a mí.

Fui un niño deprimido. Quizá me deprimió la situación de mi alrededor, del Perú en que nací en 1947... O quizás me deprimí porque sencillamente yo era así: deprimible. ¿Qué se da primero: la gallina o el huevo?

Mi entorno y yo tuvimos mucho que ver con que desde chico yo empezara a correr tratando de alejarme, de irme lejos de donde estaba. Y es que me pasó algo muy curioso. Empecé a rechazar lo mío. Empecé a rechazar mi herencia. Empecé a rechazar mi ser, empecé a rechazar lo que debía querer... Aprendí a odiar lo amado y a amar lo odiado.

Es algo muy latinoamericano. Los originarios de América Latina padecemos de cierta esquizofrenia social enraizada en la conquista. Es muy latinoamericano rechazar lo nativo y abrazar lo occidental. Lo malo es que ese occidente se marchitó en nosotros; está tan marchito como la cultura indígena que aplastó. La cultura occidental en nosotros se marchitó cuando nos dedicamos a vivir del trabajo del conquistado. Empezó a morir por desuso, por atrofia... y por contagio. Sí, ese contagio que viene de arrastrar el jamón podrido de nuestro pasado que rechazamos y ocultamos tan desesperadamente. Sí, por contagio: porque ese baile macabro entre conquistadores y conquistados acabó en contagio. La podredumbre en que sumimos a la cultura conquistada contagió nuestra herencia occidental, y nuestra sociedad se estancó en sus dos niveles, superior e inferior. En la América Latina de la segunda mitad del siglo XX y los inicios del XXI, la gente crecía prolongando su niñez hasta el día mismo de su muerte. Seguíamos siendo niñas o niños, necesitando de un ama, de una niñera, de una empleada, de algún empleado que haga todo. Es porque —clase media o clase alta— no podíamos hacer nada por nosotros mismos. Hacer algo iba en contra de lo que esperábamos de nosotros mismos, de ese jamón tras la vidriera de la vida latinoamericana. Esa situación me asustó, desde chico. Yo era un producto de esa situación. Compartía las mismas características. Me sentía profundamente inferior, y a la vez superior. Y en la sensibilidad extrema que caracterizó mi niñez empecé desde temprano a temer a la sociedad que me vio nacer. Fui testigo de ocasión de lo que habíamos hecho y me asusté a tal punto que me convertí en un niño asustado.

Empecé a abrigar odio dentro de mí sin saber de dónde provenía ni hacia dónde estaba dirigido. Ansiaba, como todos o casi todos a esa temprana edad, sentirme igual. Pero me era imposible porque temía a los demás, a todos, a los demás y a mí... a lo que habíamos hecho de nuestro mundo. Caí víctima de la pesadilla de aprender a odiar lo amado. Mi espíritu enfermó de esquizofrenia social y no se libró de ella sino hasta que incliné la cerviz, hasta que aprendí a ser humilde y digerí mi pasado en las calles de Washington en las que viví parte de mi vida como drogadicto "de tiempo completo". Eso ocurrió muchos años después de mantener una separación estricta entre mi angustia y mi presente, años que pasé tratando de olvidar los días que, sin embargo, arrastraba uno tras otro. Mucho después de eso, a la edad de 45, hice lo impensable: empecé a mostrarme como era, como era de día y como era de noche, en todas mis facetas, como uno solo.

Uno de los problemas de la rebanadita de jamón es que tiene muy, pero muy poco peso... Tiene poco peso por lo chiquita que es, y aun así la dividimos en muchísimos pedazos entre las múltiples personas que viven dentro de nosotros. Yo tenía por lo menos dos: Guillermito de día y Guillermito de noche, Dr. Jeckyll y Mr. Hyde. Guillermito de día: corresponsal en la Casa Blanca, bachiller en ciencias, máster en educación, etcétera, etcétera: posición, posesión y... ansias de poder. Y Guillermito de noche: drogadicto, borracho, altanero en momentos, temeroso en otros...

Cobrar realidad es volverse uno, *uno*. La verdad es una, la mentira es múltiple. Sólo cuando logramos unir en nosotros a todos los personajes que pugnan dentro de nosotros por el control de nuestra vida, cobramos realidad. *E pluribus unum*, de muchos, uno. Un buen día dejé de fingir; acabé con la farsa: me fui a vivir a la calle, de mendigo. A fumar *crack* abiertamente, a mendigar en las esquinas de Washington para conseguir una piedrita de *crack* y una botellita de licor. Es increíble lo que pasa cuando uno abraza lo que había rechazado. No sólo se vuelve *uno*. También se va el miedo. Pierde la angustia existencial. Siempre vuelve a asomar su cara la angustia, pero tan pronto uno la recoge y la digiere, nuevamente se va uno en paz. Mis "personas" antes se mantenían alejadas unas de otras. Tras el abrazo entre ellas, mi mundo cambió.

Todos somos seres duales. Dentro de nosotros, hay por lo menos dos personas: un pequeño David que necesita amor y un tremendo Goliat que infunde miedo.

En lugar de reconciliarlos, yo traté de separarlos, de dar a cada uno su momento por separado. A mi David y a mi Goliat. Lo hice de una manera muy sencilla: emprendí una vida doble, la de Dr. Jeckyll y Mr. Hyde. Buen estudiante y profesional diurno y, después, la disipación nocturna. David de día... muerto de miedo y ansiedad. Goliat de noche... también asustado, apaciguado con vapores de alcohol. Eso, esa separación, la resolví cuando viví de mendigo en Washington. Quiero aclarar que llegué a esa situación buscando no la unificación de mi ser, sino más bien huir de mí, una fuga desesperada para dejar atrás la inestabilidad de mi ser, el gran descontento conmigo mismo. Corrí fuera de mí mismo, disolviendo mi angustia en marihuana, alcohol y cocaína.

Busqué la disolución de mi ser para darle una salida fácil a mi descontento. Fue un tremendo error que no recomiendo a nadie. Lo fácil alberga trampas bajo la superficie. El dicho que reza "del agua mansa líbreme Dios, que de la brava me libro yo" es muy cierto. Lo duro, lo difícil, lo doloroso son regalos de Dios. Dios en su infinita compasión nos da lo fácil, lo placentero, lo gozoso, para que tengamos un descanso en nuestro tránsito por la vida. Nos da lo duro, difícil y doloroso para que podamos crecer y elevarnos por encima de nuestras limitaciones. Ése es el verdadero regalo de Dios al hombre: lo difícil, mediante lo cual crecemos. Así es para mí. Cuando he buscado lo fácil he acabado mal. Busqué lo fácil. Me convertí así en drogadicto, alcohólico, mendigo en las calles de Washington. Nada quería saber del mundo oficial. Creía que me rebelaba contra el discreto encanto de la burguesía, pero en realidad me rebelaba contra el nada discreto desencanto de mí mismo... Para mí, el culpable era el mundo. Había decidido no tener más que ver con él, porque el mundo no me había rendido pleitesía, porque me sentía incomodo en él, porque mi vanidad, mi vanidad y mi inseguridad, eran tales que no podía aceptar la pequeñez de las personas que vivían en mí.

Es así que me convertí en mendigo. Yo, que me había codeado con los ricos y poderosos del mundo, había resuelto ser un mendigo más, por va-ni-dad. ¿Les parece contradictorio ser mendigo por vanidad? No, no lo es: es que no podía enfrentar la verdad de mi vergüenza, y en vez de eso mi orgullo me llevó a la mendicidad. Y así pasé a vivir en las calles de Washington dos veranos y dos inviernos de los años 93 al 95.

IV

Reconectando el gran jamón
El llamado renacer. Cómo volverse íntegro.

Rota la vasija dorada
nadie podrá redimir
el alma desolada...

Salimos a la vida, nacemos, habiendo roto la vasija que nos acarreaba en el vientre materno, y empezamos a buscar consuelo. La gran mayoría de nosotros nunca sale de esa etapa: de la búsqueda de la consolación, pero nadie nunca encontrará el consuelo que anhela. No lo encontraremos jamás porque quien busca consuelo busca lo fácil, y lo fácil es débil. Busca que se vaya la dificultad. Busca que se esfume el temor, cuando lo que debemos hacer es exactamente lo opuesto: abrazar nuestros temores, nuestras dificultades, alzarnos por encima de ellas y dejar que lata ahí nuestro corazón. Eso es lo que debemos hacer, y al hacerlo dejamos de necesitar consuelo. Busca consuelo el triste. La figura del que se abraza a sí mismo se vuelve heroica, pero casi nadie lo hace.

Somos vanidosos, y casi nunca nos aceptamos tal como somos y estamos. No, no nos aceptamos. No aceptamos eso que hoy somos: una mera tajadita, muy fina, del gran jamón que pasó del contenedor, la vasija dorada, al mostrador. Somos vanidosos. No nos aceptamos en nuestra limitación, y empezamos así, en el momento mismo del nacimiento, nuestra búsqueda de consuelo y el gran escape intentando salir fuera de nosotros mismos para encontrar un "yo" mejor. "Vanidad de vanidades, dijo el predicador. Todo es vanidad." (Eclesiastés 1:2)

Es la vanidad la que nos lleva a sentir que somos muy poquita cosa. ¿Poquita para qué? Poquita para el papel de personaje central en el gran escenario del mundo, papel que creemos nos pertenece. Es inevitable pensar que ese papel nos corresponde.

Después de todo, desde el momento en que nacemos estamos en el centro de nuestra percepción... Y, claro, como estamos en el centro de todo lo que percibimos, creemos que estamos en el centro del universo, que somos el centro del universo. No es que así lo pensemos. Es que así lo sentimos, pero eso en lugar de darnos seguridad nos hace sentir inseguros porque carecemos de control. Sí: no controlamos nada o casi nada de ese mundo del cual nos consideramos eje central. Cuando percibimos eso empieza nuestra vida de temor.

El temor existencial proviene de las dos cabezas que pugnan dentro de nosotros: una se considera poquita cosa, la otra se cree superior y es el desequilibrio entre ellas lo que genera esa angustia que nos acompaña la mayor parte de los días de nuestras vidas.

La arrogancia y vanidad de una cabeza está en directa proporción a la inseguridad de la otra. ¿Será eso parte del "pecado original", esa desproporción?

Si no acabamos con la vanidad, la vanidad nos acaba a nosotros, a todos los que viven dentro de nosotros, y no es cortando la cabeza de la vanidad como acabamos con ella. Ese mismo deseo de triunfo de una cabeza sobre la otra, eso mismo es vanidad. La única manera de acabar con ella es, paradójicamente, dándole vida: haciéndola nacer a la realidad, volviéndola real, y eso sólo es posible cuando logramos la unión de los personajes que viven dentro de nosotros, cuando logramos el *e pluribus unum* de nuestras vidas. Ése es el momento del renacer: sólo uniendo a todos los que viven dentro de nosotros podemos volvernos verdaderos. Volverse verdadero implica volverse uno, volverse íntegro, verdadero. La verdad es interna: sólo esa verdad es capaz de acabar con la vanidad. Sólo la verdad interna, íntegra, en el momento actual, tiene la fuerza necesaria para consolidar nuestro ser y unir pasado, presente y futuro en nosotros. Sólo así podemos dar realidad a nuestro ser. Por eso se llama renacer, y el momento del renacer, el llamado "bautizo", es el momento de la aceptación, cuando nos aceptamos con todo y todos los que pugnan por vivir dentro de nosotros.

Dentro de cada uno de nosotros hay un David, pequeño, simple, armado sólo con lo que Dios le dio. Todos nacemos también con un Goliat que se arma hasta los dientes para defender su primacía dentro de uno y fuera también, en el mundo. Goliat se arma de cultura, de saber, drogas, placer... Se arma con todo lo que encuentra a su paso y poco a poco se convierte en el gigante que aplasta a David. El truco está, para enfrentar al gigante, en la simplicidad. El truco no está en emplear las armas del mundo, sino en utilizar la única herramienta que Dios dio a David: es una, la verdad, utilizada con amor. David es la representación de esa verdad y de ese amor dentro de cada uno de nosotros. La verdad esgrimida con amor, la piedra de David con su honda, acaban con el temor.

En mi gran rebelión contra el mundo, para mí el culpable era el mundo. Mi vanidad era tal que no podía aceptar la pequeñez de mi persona. Para no mostrar mi pequeñez me recluiría; para que el mundo no viese a ese pequeño David, mi Goliat se iría a vivir a una cueva, como recluso, y para alimentar a Goliat recurriría a humo, vapor y nieve, copos de cocaína y piedras en el camino. Es más, viviría como ermitaño en el camino, y como la ermita de hoy está en la calle, allá me fui. Me había disgustado totalmente con el mundo en que vivía. Me había disgustado totalmente con el papel que desempeñaba dentro de él. Increíble, ¿no? Pero así fue: una ceguera total. Quise derribar las paredes del templo encima de mí. Ése es uno de los significados de la historia de Sansón. Al verse sin cabello y empequeñecido, fue su vanidad la que dio muerte a Sansón y a los filisteos, y casi me mata a mí también.

¿Qué tiene esto que ver con el gran jamón? Para unirlo, para unir sus partes, esa pestilente parte del ayer y esa otra del futuro ficticio —engendro de nuestra imaginación que nunca llegará a ser—, hace falta la verdad, esgrimida con amor. Pero, ¿qué cosa es la verdad? La verdad y el amor son el único cemento capaz de unir las distintas partes de nuestro ser, la de ayer y la de mañana, y la de las distintas personas que viven el momento en nosotros.

V

La verdad

El jamón confunde los hechos y los datos con la verdad.

Dos y dos son cuatro,
Cuatro y dos son seis,
Seis y dos son ocho
y ocho dieciséis.
(Canción infantil del siglo XIX)

¿Dice la verdad esta estrofa? Sólo de manera muy relativa. Sí, esa canción es verdadera en la medida en que contiene la emoción de la niñez; pero sus palabras, lo que encierran, eso no es verdad. "Dos y dos son cuatro" no es más que... un dato.

Dos y dos son cuatro...
no es más que un dato

Estamos acostumbrados a llamar verdad a los datos ciertos. Por más ciertos que sean, los datos nunca serán portadores de la verdad. La verdad es viva y por lo tanto requiere de personas en las que pueda vivir. Cada vez que acarreamos amor acarreamos verdad. El amor es la fuerza de la verdad. Si llevamos amor, llevamos verdad.

¿Qué es la verdad? Primeramente, siempre es personal. La verdad es personal. Existe tu verdad y existe mi verdad. Existe la verdad de cada uno. La verdad es *viva*, y como vive, sólo puede vivir en lo vivo.

Fulanita de tal odia a su marido pero finge tener un matrimonio maravilloso porque quiere ser "buena". Pero por más que así lo haga, no, no será verdad, porque querer no es igual que ser.

¿Qué es el ser?

El ser es la tercera persona dentro de nosotros. Padre, Hijo y Espíritu Santo. David, Goliat y "tú". Cuando en ti se unen el Padre y el Hijo: allí es donde está la verdad, y se incorpora entonces en ti la trinidad. Únicamente somos cuando somos verdaderos. La gran mayoría de nosotros, la gran mayoría del tiempo, no somos.

En nosotros, ¿cómo funciona eso? En la unión de cabeza y corazón, ahí reside la verdad. La verdad hace acto de presencia cuando la cabeza dice lo que el corazón siente, y cuando el corazón siente lo que la cabeza dice. Cuando eso ocurre se da la trinidad en uno, y entonces empezamos a vivir en... verdad. Ahí está el "yo soy la verdad" de Cristo. La verdad no depende de definición alguna, de lo que quiera decir el verbo "ser". El ser no se define. Es o no es.

La verdad no necesita definición. La verdad se muestra viva. Uno vive la verdad cuando su cabeza y su corazón están de acuerdo. Digamos lo que digamos, nada será verdad si no lo vivimos.

Los científicos dicen que en nuestro universo hay cuatro fuerzas naturales:

- Electromagnetismo.
- Gravedad.
- Fuerza 'fuerte', la que une las partículas atómicas y subatómicas.
- Fuerza 'débil', que las repele.

Pues bien, los científicos han omitido una quinta fuerza porque creen que no es "científica": la fuerza de la verdad.

La fuerza de la verdad

La fuerza de la verdad es el amor, y la atmósfera que produce esta fuerza es una atmósfera de paz.

Di la verdad, vive la verdad, y no habrá quien te mueva de tu sitio. Según Arquímedes: "Dadme una palanca y moveré el mundo". Bueno: se podrá palanquear el mundo pero nada podrá mover una verdad. A lo más se le torcerá, se le cambiará de lugar, creando con esa verdad torcida trampas para ingenuos, y en ese caso la verdad habrá dejado de ser verdad porque carecerá de amor. El amor nunca es trampa. Nunca atrapa. La verdad y el amor son uno, y son la más fuerte de todas las fuerzas. Diez millones de mentiras no pueden matar una verdad. Podrán ocultarla bajo un cerro de palabras dichas y escritas. Podrán oscurecerla, pero nunca matarla, ni cuando lleguen a torcerla, porque entonces la verdad continuará allí, viva al lado de la "nueva" mentira.

La ausencia de la verdad es la mentira. La sexta fuerza, la fuerza de la mentira, no existe. Es una fuerza ficticia, y como no existe produce debilidad. La mentira vive en una atmósfera de angustia. Exhala ansiedad, odio, rabia, rechazo, etcétera. La mentira tiene mil parejas. La verdad sólo una: el amor. La verdad sólo vive con el amor. La mentira tiene muchas parejas: la mentira y el odio, la mentira y el deseo, la mentira y la arrogancia… Vive la verdad; la ansiedad se irá.

Los siguientes párrafos tienen su origen en *El príncipe de los mendigos*, con cambios y añadidos.

Mi confesión a los hombres había sido de lo más pública, y de ella obtuve una gran paz. Finalmente había puesto término a la duplicidad de mi ser. Confesar públicamente mi naturaleza me permitió aunarme a la verdad. La verdad es la roca sólida sobre la cual reposa el edificio del ser. El edificio de la personalidad, levantado sobre pose y apariencia, carece de reposo propio. La verdad nos da reposo. A ese reposo se llega mediante la confesión de la primera verdad: confesando aquello que somos, primero a nosotros mismos y luego ante los demás. Encontramos la verdad desnudándonos de toda simulación. De ahí la imagen del agua en el bautismo; después de todo, a nadie se le ocurre meterse al agua con vestimentas pretenciosas. La gracia de la confesión, al igual que la renovación de la vida en el renacer, no se encuentra en ninguna ceremonia. Esa confesión y ese renacer tienen que ser efectuados con la totalidad del ser y de la vida.

No es un formulismo. Sólo entonces se llega a vivir en gracia, a vestir el traje blanco.

Cuando vivimos en gracia, nos visten el amor y la verdad con que nos acercamos a nosotros mismos y a los demás. Cuando más necesitamos estar recubiertos de ellos es en el momento de nuestra muerte. Si entonces no nos visten el amor y la verdad, entonces no estamos listos para ella.

Mi verdad era que yo me drogaba y me alcoholizaba, y hasta que no lo acepté, no llegué a recibir la gracia. La gracia te llega cuando vives la verdad, y consiste en la paz que llega a ti con el amor que acompaña a esa verdad. ¿Drogadicto? Sí, yo era un drogadicto perdido, y sólo cuando me acepté como tal es que recibí la fuerza para cambiar. Por más fea que nos parezca la verdad, verdad fea siempre es mejor que mentira bonita.

El ser vive en la unión de la verdad y el amor. Todo lo que es… es verdadero. Si no, no es. El amor da vida a todo lo que es. Existimos porque Dios ama. La creación es una explosión de verdad y amor. San Juan, capítulo uno, versículo uno: "En el principio era el verbo y el verbo estaba en Dios, y el verbo era Dios". El verbo por excelencia es el verbo ser. Dios es. Dios es grande y chico, frío y caliente, ancho y angosto, etcétera. Dios abarca todos los rincones del ser. Por eso se dice que Dios es el verbo. La existencia es una "manera" de ser, en amor. Sin amor no existe el ser. Y lo mismo se puede decir de la verdad. Sin verdad no existe el ser.

Hemos confundido el "ser" con la función de algo, la relación de algo con lo demás. En ese sentido las cosas también tienen ser. Por ejemplo, un vaso "es" un contenedor de líquido que los humanos usamos para beber. Pero, en sentido estricto, las cosas no "son", solo existen. Sólo "es" el ser que tiene la capacidad de amar. Sentir y amar: hay una orden de ser que empieza con sentir y culmina con amar. Humano es quien tiene la posibilidad de amar, y por eso "es" o, mejor dicho, puede ser; hay jarros, montañas, tanques, instituciones, naciones, gobiernos... pero no pueden "ser", sólo pueden existir, en el sentido estrecho del término.

Yo me salvé cuando empecé a ser real: uniendo mi cabeza y mi corazón y aceptándome tal como era en ese instante. En ese momento empecé a transformarme. La transformación no se da si no se inicia en la verdad, y la verdad no puede existir si no hay aceptación. La aceptación es la puerta de entrada a la verdad. Es agachar la cabeza y unirla al corazón para que entre los dos recojan lo que uno es. En el momento de la aceptación se instala la trinidad en uno.

La verdad y el amor son la sustancia y la esencia del ser que existe. Están en los "lados" del ser y en su unión se da la trinidad. Allí "vive" nuestro ser, allí tiene su "existencia", y allí encontramos la fuerza que alimenta la vida. Cuando cada "lado" desempeña su parte, cuando está "en su lugar", hay equilibrio: el alma florece, reina el orden. Cuando un lado usurpa la función del otro, la vida sufre, reina el desorden.

Cuando la cabeza se impone sobre el corazón, o cuando éste niega lo que la cabeza dice, se produce el desorden. El desorden acaba mal. La polarización de funciones en la cabeza o en el corazón hace que se pierda el rumbo, y al perderse el rumbo se pierde el sentido "original" de la existencia. Se "sale del paraíso".

Como resultado de esa salida las cosas adquieren muchas veces un sentido contrario al original. La vida entera se vuelve confusa... hasta que se logra nuevamente el equilibrio perdido, hasta que se nace de nuevo, cuando se le devuelve el equilibrio a la vida. El renacimiento, la recuperación del equilibrio, es el punto de partida para una adjetivación correcta, el portal de entrada al camino de Dios, el inicio del camino.

VI

El fénix y el renacer

Yo quiero que mi jamón sirva a la vida y lo quiero ahora: desgraciadamente este jamón no se compra en tienda alguna. Lo tienes que trabajar dentro de ti, y se obtiene sólo de una manera: cuando tu cabeza y tu corazón llegan a unirse. Allí, en esa unión, está el mostrador sobre el que encontrarás tu gran jamón, y así, unidos tu pasado, presente y futuro en la unidad del espíritu actual, dentro de ti, te enbarcarás en el camino de Dios.

Caminante, son tus huellas
el camino y nada más;
caminante, no hay camino,
se hace camino al andar.

Al andar se hace camino
y al volver la vista atrás
se ve la senda que nunca
se ha de volver a pisar.

Caminante no hay camino
sino estelas en la mar...
("Cantares", Antonio Machado)

Tú lo tienes. Yo lo tengo. Todos tenemos nuestro propio camino a Dios. Lo iluminamos todos con la misma antorcha: la de la verdad, y su amor nos da la fuerza para recorrerlo. Renacemos cuando entramos en ese camino, y lo hacemos cuando empezamos a albergar la verdad en nosotros. La verdad propia, la única que puede haber: la verdad de uno. Nadie puede embarcarse en el camino con la verdad de otro, y el momento en que acoges la tuya es el momento de tu renacer. Al renacer quemamos todo lo que no vamos a acarrear. ¿Y qué es lo que se quema?

El fénix renace de sus propias cenizas. Lo que se quema es todo lo que se deja atrás cuando renaces. Yo quemé toda una vida de mentiras, quemé las drogas, quemé el alcohol. Cada uno quema lo que tiene que dejar para abrazar la verdad. No se hace de pronto. Toma su tiempo. Todo sigue un proceso. A mí me llevó años, y aún hoy sigo echando cosas a la hoguera...

La leyenda del fénix

La mayoría de la gente piensa que la resurrección, si es que existe, se da después de nuestras vidas. Pues sí, la resurrección existe, y no, no se da al final de nuestras vidas: si no se renace en el *transcurso* de nuestra vida, entonces no se renacerá jamás.

El tema de la muerte y la resurrección aparece una vez tras otra en mitos y fábulas desde la antigüedad. El mito del ave fénix es uno de ellos. Se originó en una antigua religión del sol, en el Egipto milenario. Simboliza la continuidad de la vida después de la muerte.

El fénix, decían, tenía plumas rojas y doradas. El fénix era uno solo. Según la leyenda, sólo un fénix tenía cabida en el universo. ¡Cómo se parece a nosotros! ¿No? ¿Será que creemos que en este universo sólo hay cabida para uno de nosotros a la vez? Hesíodo, poeta griego del siglo VIII a. C., afirmó que el fénix vivía nueve veces la vida del cuervo. Otros dijeron que llegaba a vivir 97 200 años. Para los sacerdotes de Heliópolis, el ciclo de vida, muerte y resurrección del fénix duraba 500 años.

Cuando el ave fénix sentía la proximidad de su muerte hacía un nido de canela, lo encendía y moría en sus llamas. De sus cenizas surgía un nuevo fénix, que recogía sus restos y los llevaba a Heliópolis, donde los depositaba ante el altar del sol.

Es curioso que el nombre fénix pudiera deberse a un error de Herodoto, historiador griego del siglo V a. C. Quizá no designó al ave por su verdadero nombre, sino por el de la palmera (fénix en griego) sobre la que se posaba en las representaciones de aquellos tiempos.

La leyenda y su actualidad

Todos debemos quemar —digerir— el pasado que arrastramos, para incorporar a nuestra vida presente lo que sirve, y lo que no, botarlo como estiércol, para abono de la tierra. De esa manera el pasado deja de ser peso muerto y cobra vida actual. El jamoncito de hoy, esa mortadelita que somos, incorpora todo su pasado quemándolo en los ácidos de la digestión, digiriéndolo. La digestión quema y separa lo que da vida, que es incorporado, de lo que no la da, pero que se transforma en estiércol que abona la vida, y así todo sirve. Todo, si es que se quema... digiriéndolo para renacer. El fénix llevaba sus restos al altar del sol en Heliópolis. Nosotros llevamos lo quemado al altar de Dios, representado dentro de nosotros en nuestra trinidad, y ahí lo dejamos, para seguir adelante, limpios. Yo dejé ahí mis drogas y mi alcohol. Día tras día sigo dejando pedacitos de mentira que se me pegan en el camino que transito a diario. Es una quema perpetua, no como la del fénix que encendía su hoguera cada 500 años nada más.

Cristo renació en su cruz. Yo lo hice en la mía. Mi cruz fueron las drogas. ¿Cuál sería la naturaleza de la otra cruz de Cristo, la que no fue de madera?

Cada uno debe abrazar su propia cruz y renacer sobre ella. El fénix no se crucificó, se inmoló, pero lo hizo igualmente sobre madera, sobre palo de canela convertido en nido. El cristianismo lo romanizó, en madera hecha cruz.

Abrazando nuestra cruz, quemándonos en el nido de nuestro renacer, cada uno emprende el camino de Dios. Rechazando la cruz, fingiendo que no tenemos nada que quemar, justificándonos, etcétera, no llegamos a ningún lado.

VII

Baby steps

Aprendiendo a caminar.

Casi nunca son las grandes mentiras las que nos ahogan, sino las pequeñitas. Estamos tan acostumbrados a mentir que no nos damos cuenta cuando lo hacemos. Mentimos en cositas pequeñas porque nos hemos acostumbrado a "empaquetarnos bonito", a presentarnos como un "buen paquetito", como si fuésemos un regalo a la vida y al mundo. El jamón quiere verse bien. Mentiras diarias: "Cuesta tanto." "Todo está bien." "¡Ay, qué bonito está todo!" "Yo sé esto o lo otro"... Adornamos nuestra vida con mentira: edificamos fachadas no sólo para vivir tras ellas sino, lo que es quizá más importante para nosotros, para aparentar.

Miren el origen de la palabra aparentar. Es un falso dar a luz. Es un trabajar para no dar vida sino apariencia, y parimos con el sudor de nuestras frentes no vida sino engaño. Nos engañamos incluso a nosotros mismos acerca del porqué y para qué hacemos lo que hacemos. Tomamos empleos que no nos satisfacen, diciéndonos que estamos satisfechos con ellos. En el transcurso de nuestras vidas buscamos posición, posesión y poder, tres *P* que en la gran mayoría de nosotros se unen formando un ser falso, aparentado, con una falsa trinidad de posición, posesión y poder.

Sí, pensamos, con las tres *P* me voy a convertir en el gran jamón, y nos vendemos para encontrar esa posición, esas posesiones y ese poder. Una cuarta *P* suele resultar de las primeras tres: nos prostituimos.

Hay gente que se moriría si perdiera los títulos que tiene en la vida, su posición en ella, si perdiera todo lo que tiene, etcétera. Pocos son los Job que llegan a perderlo todo y siguen en el camino de Dios. Confundimos la apariencia con la realidad, la fachada con el fondo y edificamos algo bastante más complejo que un simple edificio de mentiras.

Un dicho español muy antiguo reza: "A Dios rogando y con el mazo dando". Lo que la mayoría de nosotros hace se expresaría mejor diciendo: "A Dios rogando y con la mentira elaborando". Pedimos el pan diario y damos a cambio la mentira nuestra de cada día. De la mentira cotidiana viene la mentira grande: lo que soy... La gran mentira, nuestro falso ser, proviene de la lenta acumulación de mentiritas en nuestra vida diaria.

La vida vivida a base de mentiras hace que todo lo que fingimos ser sea mentira. Nuestro gran jamón, pasado, presente y futuro, *tout*, se vuelve una mentira y, claro, cuando morimos en esa condición, claro que no vamos a Dios. Dios es verdad y amor. Si somos mentira y carecemos de amor *no podemos* ir a Él. Se sale de la mentira empezando a vivir la verdad. La verdad tiene un lugar geográfico en el mapa del ser: está ahí, en el lugar en que se unen mente y corazón.

En la búsqueda de la pureza hay quienes se van a los extremos, a la mente o al corazón. Los que se rigen por la mente y dicen no a los sentimientos, como si el sentir no fuera puro, son los verdaderos "mentalistas" de nuestros tiempos. El rechazo del corazón es muy frío. Produce rebanadas de jamón congelado. Sí, se preservará, pero congelado, en *deep freeze*. Y luego están los que se inclinan sólo por el corazón: impulso que te viene, lugar por el que te vas. Sin comentario. Las rebanadas de ese jamón acaban en el suelo, pisoteadas, embarradas. Hay quienes ven la alternativa: jamón congelado o jamón pisoteado, y prefieren el congelado... ¡como si fuera mejor! *Nyet*: ni pisoteado ni congelado: necesitamos jamón vivo. Sólo se le puede dar vida con la verdad y el amor, y sólo hay verdad y amor cuando cabeza y corazón se unen, formando la trinidad del ser.

Vivir la verdad es difícil cuando en nosotros imperan el orgullo y la vanidad... y casi siempre imperan, porque casi siempre nos sentimos muy poquita cosa. Cuando nos *sentimos* muy poquita cosa, entonces tenemos que *creernos* otra, y empieza el autoengaño. Nos vamos por el lado de la cabeza para tapar el vacío del corazón. Queremos sentirnos bien y confundimos *bien* con *más*, como si "más" fuese "mejor". Ese más es mental: lo inventamos para tapar los huecos de nuestro corazón. Siempre hay algo que queremos tapar. Poquísimas veces nos atrevemos a mostrarnos tal cual somos, ni siquiera a nosotros mismos. Y si es tan difícil mostrarnos como somos, con nuestras inseguridades, miedos, temores, angustias y deseos, ¿cómo lograrlo? Fácilmente: con *baby steps*, con pasitos de bebé, aprendiendo a caminar. Con cada paso que da, el bebé cobra fuerza y adquiere equilibrio.

Nosotros también. Con cada verdad que vivimos —la verdad no se dice, se vive—, ganamos un poquito de amor, de equilibrio, y perdemos un poquito de miedo, y así vamos sintiéndonos más y más fuertes. Se crea alrededor de nosotros una atmósfera de paz, de seguridad y tranquilidad, porque ésa es la atmósfera en que vive la verdad. Los árboles producen oxígeno; los animales exhalan bióxido de carbono; la mentira despide temor; la verdad exhala paz. La paz es la atmósfera de la verdad y el amor, viene por gracia al vivir la verdad con amor. Damos un pasito en verdad, adquirimos un poquito de amor, nos viene la paz. Damos otro pasito en verdad, adquirimos otro poquito de amor, nos viene más paz, y así sucesivamente hasta que de pronto encontramos que la atmósfera de nuestra vida ha cambiado y se ha vuelto habitable. No es necesario más artificio ni mentira para sostener nuestra vida en ese lugar inhóspito en el que estábamos. Hemos salido de él. Sí, hay vuelta al paraíso. Volvemos al paraíso, renacemos, cuando nos volvemos verdaderos.

El fénix regresa al jardín del Edén

Para regresar al paraíso debemos dejar de gravitar en torno a nuestro ego. A Dios lo que es de Dios y al césar lo que es del césar.

Dentro de cada uno de nosotros vive un pequeño "gran césar", nuestro gran jamón, nuestro ego central. Este ego se siente el centro de la creación —y aquí está en parte el pecado original— porque observa, siente y cree que la existencia "ocurre" alrededor de él. La otra parte del pecado original está en que en la existencia la forma es obvia y la esencia no. Hay por lo tanto una tendencia "original" a dar todo a la forma y nada a la esencia, y como nos vemos en "el centro" de "nuestra" vida, nos endiosamos de manera natural, "original". Nos sentimos (no nos creemos, sino que nos sentimos) el centro de la creación. Todo, todito ocurre "alrededor de nosotros". En ese momento, cuando por primera vez abrimos los ojos y nos "damos cuenta" de que todo gira a alrededor de nosotros, en ese momento salimos del paraíso. Nos hemos endiosado. Hemos comido del fruto del árbol reservado únicamente para Dios y nos hemos creído la estrella central: Lucifer. Sí, Lucifer también está en nosotros, y es en el acto de renacer que lo sacamos de nosotros. Nuestros "mentalistas" tratan de componer esto negando la forma, creyendo que así hacen "brillar" su esencia. Un gran, gran error. Dar todo a la esencia es tan errado como dar todo a la forma. Sin su unión en equilibrio es imposible la resurrección, el regreso al paraíso.

Al ego se le saca del centro de nuestras vidas poquito a poquito, poniendo en su lugar verdad y amor, mediante *baby steps*, pasos de bebé. Un pasito de verdad, otro pasito de amor, y así hasta que empezamos a andar en la verdad y el amor. El amor se logra viviendo nuestra verdad: armonizando nuestro sentir con nuestro pensar, sintiendo lo que pensamos y pensando lo que sentimos. Y como la verdad y el amor son atributos de Dios, lo que estamos colocando en nuestro fondo es a Dios mismo, a la trinidad, cabeza-corazón-verdad, en una sola persona, y éste no es un Dios ficticio. Eso es lo bello, que Dios es concreto, es real, manifiesto en verdad y amor.

Del jamón viene la vanidad. Del ego es la vanidad, y de esa vanidad derivan nuestras ansiedades y nuestros temores. Toda ansiedad y temor existencial provienen de sentir y saber que no estamos capacitados para mantener el universo entero en equilibrio alrededor de nosotros, y entonces nos da miedo porque nos damos cuenta de que esa función sólo corresponde a Dios. Pero nuestro ego jamónico es incapaz de abandonar el centro original, por "defecto" original. Es que nuestra forma, alrededor de la cual sentimos y creemos que todo gira, esa forma, ese jamón, ese ego, siente que ser centro del universo es su función legítima, y eso es vanidad. Ahí, en este punto, empieza la vanidad, el ego comienza a ser vano, a creerse el centro de nuestro universo. Vano porque es en vano. Sentimos que todo gira en torno de nosotros, pero nos damos cuenta, allí en el fondo de nuestro ser, que no estamos equipados para ejercer esa función, y así es como empieza el temor, temor de no estar a la altura de…, temor de no ser reconocido como…, temor de no ser el primero, el eje central, el motor de la acción.

Nuestro regreso al paraíso se inicia cuando empezamos a vivir nuestra verdad. Lo bello de vivir nuestra verdad es que nos libera de la ansiedad y la angustia, el temor y el desconsuelo que aquejan nuestras vidas: dejando de creernos lo que no somos y dejando de fingir que somos lo que no nos creemos, así muere de muerte natural nuestra vanidad, y sacamos a nuestro ego del centro de nuestras vidas. Volvemos a ser uno más, en el jardín del Edén. Deja tu ego atrás y verás cómo no hay más motivo para temer, para estar ansiosos, para llenarnos de ansiedad, porque no importa que no seamos el primero, que no seamos reconocidos, que no ocupemos el lugar central… no importa que no seamos motores, que seamos incapaces. *No importa.* Lo único que importa es vivir en la verdad y el amor. Lo uno trae lo otro y con los dos, la verdad y el amor, se sacia nuestra hambre. Porque eso es la vida del ego: un tratar de saciar un hambre insaciable que sólo la verdad y el amor pueden desterrar.

El ego es un barril sin fondo. Es incapaz de ser satisfecho porque pretende ocupar el puesto de Dios, y no hay suficiente vino, dinero, poder, fama o cosa alguna que en su suma total pueda inflar al ego lo suficiente para adquirir la *dimensión* de Dios. Por eso es peor serególatra que idólatra, aunque toda egolatría es una forma de idolatría, y a la inversa también. De la egolatría nacen los dobleces. Las vidas empiezan a torcerse, a girar en torno a sí mismas. Y empieza la mentira como patrón de vida porque el hecho central de las vidas que giran en torno a sí mismas es un hecho falso: no somos el centro de nuestras vidas. El objetivo de nuestras vidas no está en nosotros mismos.

VIII

El ser del jamón

El jamón cree que su nombre abarca todo su ser.

El ego es muy creído. Cree que es el Ser. Cree que es quien somos. Cree que nosotros somos *él*. Nuestro ego se manifiesta mediante nuestra personalidad, y lleva nuestro nombre. Mi ego se llama Guillermo. El tuyo lleva *tu nombre*. El ego jamónico lleva invariablemente nuestro nombre. Nuestros egos creen ser nuestras personas. Yo *creo* que soy yo. Guillermito cree que es la persona de Guillermo, y eso es una ficción. Quizás toda personalidad sea ficticia en el sentido de que la personalidad no es el ser y casi inevitablemente cree serlo por la sencilla razón de que está a cargo de nuestra vida diaria.

Nuestra personalidad es algo así como el agente de relaciones públicas de nuestro ser. Y como toda relación pasa a través de él, la personalidad poco a poco llega a creer ser... *su ser*. Nuestra personalidad se adueña de la totalidad de nuestro ser. La personalidad es notoriamente megalómana. Suele encajonar y torcer la totalidad de "su" ser hasta que éste empieza a cumplir su voluntad. Todos sufrimos así de la tiranía de la personalidad que lleva nuestro nombre durante gran parte de nuestras vidas. Son grandes los periodos en los que vivimos totalmente sometidos al dominio de nuestra personalidad. El ser cuya existencia transcurre así, bajo la cubierta de su personalidad —cubierta que lleva su nombre—, vive invariablemente una ficción, porque la personalidad no es más que *pose* y *relación*. Es *manera* y *forma*. No tiene ni *esencia* ni *sustancia*.

Cuando la personalidad actúa como si tuviese contenido real es una ficción, vive una ficción. La personalidad cree que es esencia y sustancia, cuando sólo es pose y manera. La personalidad adueñada del ser vive una mentira o, mejor dicho, no vive. Cuando vivimos bajo el dominio de nuestra personalidad, vivimos de mentira. Sustituimos la verdad por la apariencia...

La personalidad es legítima cuando es "natural". Hay características inexorables en la personalidad de todos y cada uno de nosotros. Son rasgos que obedecen a las necesidades del ser, a la química de nuestros organismos, a la herencia que nuestros padres nos dieron y a las circunstancias de la vida que nos marcaron de manera indeleble. Son rasgos naturales o legítimos de nuestras personalidades, y se mantienen con nosotros hasta la muerte. "Genio y figura... hasta la sepultura". Ahora: la personalidad tiene que ser atendida debidamente. Necesita de un constante corte de pelo. De lo contrario, nos ahoga el crecimiento irrestricto de los que, de otra manera, son legítimos rasgos de nuestra personalidad.

Hay aspectos de la personalidad que crecen sin control. Se convierten en cánceres del ser. Esos crecimientos adquieren tal envergadura que empiezan a controlar, desplazar y reemplazar al ser que debieran servir. La personalidad empieza entonces a creer que tiene sustancia y esencia y no, no es así. Crece como enredadera alrededor del ser al que debieran servir hasta que lo ahoga con su crecimiento sin control. Los aspectos ilegítimos de la personalidad suplantan al ser, y beben y comen en su nombre. Hay que quemarlos en la hoguera del fénix. Para quemarlos tenemos que aceptarnos primero como somos, seamos lo que seamos. La aceptación está al principio de todo.

El momento de la aceptación de la basura de uno es aquello a lo que también llamamos la confesión. Cuando por primera vez nos atrevemos a vivir nuestra verdad: eso es una confesión. La confesión no implica humillación. Implica humildad. La humillación es del ego. La humildad es del ser. En la humildad uno se ve como es, y nadie es monedita de oro.

La confesión del jamón

Como ya he dicho, mi confesión a los hombres fue de lo más pública y de ella obtuve una gran paz. Después de mostrarme como era, se alejó de mí el temor a ser descubierto. Puse término a la duplicidad de mi ser, pero es preciso advertir que ese poner término a la duplicidad tiene que ser constante. De lo contrario vuelve a aparecer. Tiene varias cabezas. No basta cortar una.

Confesar públicamente mi naturaleza me permitió aunarme a la verdad. La verdad es la roca sólida sobre la cual reposa el edificio del ser. El edificio de la personalidad, levantado sobre pose y apariencia, carece de reposo. La verdad da reposo. A ese reposo se llega mediante la confesión de la primera verdad: confesando aquello que somos, primero a nosotros mismos y luego ante los demás. Encontramos la verdad en la desnudez del ser.

La gracia de la confesión, al igual que la renovación de la vida en el renacer, no se encuentra en ceremonia alguna. Esa confesión y ese renacer tienen que efectuarse con la totalidad del ser y de la vida. No se hace mediante formulismos. Sólo viviendo la confesión se llega a la gracia que se deriva de ella.

Yo obtuve gracia en la unidad de la verdad en los días de mi desnudez. Eso es confesión: desnudo mostrarse como se es, a sí mismo y ante los demás. Eso es renacer. Ahora, la verdad es que de cuando en cuando vuelvo a ponerme ropa. Es inevitable. Así es la existencia. Eso es algo "original" aquí, propio de este mundo.

Cuando se vive la verdad se hace menos difícil distinguir la falsedad, porque la verdad... la verdad tiene la fuerza de ser. La verdad es. Todo el resto, todo lo demás, no es.

La paz, la gracia que da la confesión se obtiene por la fuerza de la verdad, el amor: la fuerza *del ser verdadero*.

La paz se encuentra viviendo la verdad, y con ésta, con la verdad, llega el amor. Mi confesión personal, hecha no sólo de palabra, sino con mi vida, me llenó de una fortaleza interior que nunca antes había sentido.

La ansiedad, los temores y las inseguridades están en el vacío: vacío de verdad. Cuando volví a la verdad, cuando renací, este renacer borró en mí lo que ninguna píldora, ninguna droga y ningún psiquiatra pudieron borrar, lo que no quiere decir que éstos no tengan su lugar. El nervioso, inseguro, temeroso y ansioso Descalzi murió, y en mí se sembró la fortaleza en la unidad de la verdad y el amor.

Lo opuesto al amor no es el odio. Es la mentira. El odio y el rechazo son consecuencia de la mentira. No se puede amar en la mentira. No se puede amar con engaño. El amor produce verdad y, de modo similar, la verdad produce amor: son complementarios. Ambos, la verdad y el amor, marcan el camino de nuestra salvación.

IX

El camino

De cómo el jamón encuentra su ruta.

La verdad y el amor son los únicos y verdaderos indicadores del camino. La mayoría pasamos gran parte de nuestras vidas guiándonos por las tres *P*. Son los falsos indicadores de la ruta al bien: posesión, posición y poder. Reiteradamente procuramos alcanzar el bien buscando la posesión, la posición y el poder. Pero cada vez que lo hacemos, no podemos evitar el apretón de la angustia, ya que estas metas son ilusorias, falsas, porque el bien no es atributo ni de la posición, ni de la posesión ni del poder. El bien es atributo de la verdad y del amor, lo que equivale a decir que es atributo de Dios.

Ahora, es imposible hablar del bien fuera del círculo de Dios. En nuestro círculo de vida es más apropiado hablar de lo verdadero. En Génesis 2:9 se dice que Dios ha colocado el árbol del conocimiento de la ciencia del bien y del mal en el paraíso, y le da al hombre potestad sobre todo, menos sobre el fruto de ese árbol. Génesis 2:17 dice: "mas del árbol de la ciencia del bien y del mal no comerás".

El ego tiene como guías de su actuar lo moral y lo inmoral, lo legal y lo ilegal, lo correcto y lo incorrecto. Las tres *P* se rigen, o debieran regirse por esas guías, pero creen que se rigen por el bien y el mal, a cuyo círculo no pertenecen. El ego no está capacitado para juzgar el bien y el mal, aunque así lo hace desde que Adán y Eva comieron la manzana.

El juicio de la moralidad pertenece a la conciencia. La conciencia está enmarcada en lo social. Es uno de los controles de nuestra personalidad. La moral es función suya y se maneja por medio del ego, del nombre nuestro, y así como el ego tiene pretensiones de ser, la moralidad las tiene de amor. Pretende ser amor. El moralismo actúa en nombre del amor: si soy moral quiere decir que amo. Fulanito de tal es inmoral, no puede, por tanto, amar. El amor relaciona. La función de la moralidad consiste en reprimir. Radica en la "superficie" del ser. Es superficial. Depende de la conciencia encargada de censurar y vive al amparo de su nombre. No hay moralidad inconsciente. Un hombre desnudo, desmayado en el suelo, no puede ser ni moral ni inmoral, porque no tiene conciencia de su desnudez.

El juicio de lo legal y lo ilegal es exclusivamente social. Es producto de cada sociedad. La sociedad tampoco está capacitada para juzgar el bien y el mal, aunque siempre lo hace, al igual que el ego.

El juicio de lo correcto o incorrecto pertenece al espíritu. Algo es correcto o incorrecto sin importar su relación con la conciencia. Dos más dos siempre serán cuatro. Siempre será correcto ayudar al necesitado.

El juicio del bien y del mal no le corresponde ni a la conciencia ni al espíritu nuestro, ni a la esencia ni a la forma. Es prerrogativa exclusiva de Dios, el único que todo lo abarca.

Las cosas son buenas o malas únicamente en su relación con la verdad y el amor supremos. Dios, y sólo Dios, es juez del bien y el mal. El bien y el mal sólo tienen sentido en referencia a la totalidad. Hay acciones que para unos son buenas y para otros malas. ¿Quién tiene la razón? Los que se instituyen en jueces del bien y el mal usurpan el puesto de Dios. Ése es el gran defecto del moralismo.

Se puede ser juez de lo correcto e incorrecto, de lo legal o ilegal, de lo moral o inmoral, de lo apropiado o inapropiado, mas no del bien y el mal.

Dios es el único juez del bien y el mal.

El nombre, el ego, tiene que entender que es jamón y nada más. En el frente de batalla por el renacer del alma hay que colocar el jamón en su sitio, pero esto, que parece tan simple, es muy difícil. Es que el ego, lo que solemos creer que es nuestro ser consciente, llámese Guillermo, John, Carlos, María o Susana, se ha adueñado de los instrumentos de conducción del ser y no los va a dejar fácilmente. El jamón no va a abdicar al lugar que ocupa en la vidriera de la vida.

Las vidas que transcurren bajo el dominio del nombre son inevitablemente una mentira.

Los individuos que vivimos creyéndonos el gran jamón, quienes vivimos bajo el dominio de nuestro nombre, hemos abandonado la realidad y nos hemos convertido en actores de una ficción en la que nuestro nombre dirige toda la acción, en una atmósfera de ansiedad y temor. Hay que seguir el ejemplo del hijo pródigo y volver a la casa del padre, donde es el nombre del padre el que preside:

El hijo menor lo reunió todo y se marchó a un país lejano donde malgastó su hacienda viviendo como un libertino. Cuando hubo gastado todo, sobrevino un hambre extrema en aquel país, y comenzó a pasar necesidad. Entonces, fue y se ajustó con uno de los ciudadanos de aquel país, que lo envió a sus fincas a apacentar puercos. Y deseaba llenar su vientre con las algarrobas que comían los puercos, pero nadie se las daba. Y entrando en sí mismo, dijo: ¡Cuántos jornaleros de mi padre tienen pan en abundancia, mientras que yo aquí me muero de hambre!

Me levantaré, iré a mi padre y le diré: Padre, pequé contra el cielo y ante ti. Ya no merezco ser llamado hijo tuyo, trátame como a uno de tus jornaleros. Y, levantándose, partió hacia su padre. Estando él todavía lejos, lo vio su padre y, conmovido, corrió, se echó a su cuello y lo besó efusivamente. El hijo le dijo: Padre, pequé contra el cielo y ante ti; ya no merezco ser llamado hijo tuyo. Pero el padre dijo a sus siervos: Traed aprisa el mejor vestido y vestidle, ponedle un anillo en su mano y unas sandalias en los pies. Traed el novillo cebado, matadlo, y comamos y celebremos una fiesta, porque este hijo mío estaba muerto y ha vuelto a la vida; estaba perdido y ha sido hallado.
(Lucas 15)

La verdad y el amor son de Dios. El temor es del nombre de uno.

Al salir a labrar su propio nombre el hijo deja el paraíso, sale de su atmósfera de amor y entra a un mundo de temor.

Cuando en el nombre de nuestro consciente rechazamos la debilidad aparente de nuestro ser y la "corregimos", reemplazando nuestro ser con el nombre, hacemos entonces de nuestra vida una ficción. La mentira cotidiana no es en nombre del padre, es en nuestro nombre. La gran batalla es entre Su nombre y el nuestro. *Nomen tuum versus nomen nostris.*

La lucha del jamón marca tuya

Dad al césar lo que es del césar y a Dios lo que es de Dios: el pequeño gran césar dentro de todos nosotros lleva siempre nuestro nombre y usurpa descaradamente los atributos y las prerrogativas de Dios. Lleva la marca del jamón. Se adjudica todo.

El frente de lucha por el resurgir de la esencia y el renacer del alma en nosotros se reduce entonces a destronar el ego, nuestra personalidad, a destronar el nombre propio. Pero el nombre es muy poderoso y, además, indispensable. Destronarlo no quiere decir matarlo. Quiere decir colocarlo en su sitio. El jamón se ha sentado en la silla del conductor del ser y no se va a quitar de ahí con facilidad. Se cree dueño del vehículo. ¡Imagínense un jamón manejando el autobús de su vida!

Las vidas que transcurren bajo el dominio del nombre nuestro son inevitablemente una mentira.

El ego, la conciencia que rechaza la debilidad aparente de su ser y la "corrige" implantando su nombre, hace de su vida una ficción.

El amor jamónico: la moral y el querer

Todo en la existencia tiene sus imitaciones. El moralismo se hace pasar por amor. ¿Puede el amor ser moral o inmoral? Muchísimos piensan que sí, que hay amores morales y amores inmorales, pero la verdad es que el amor no es ni moral ni inmoral. Lo mismo que la verdad es, el amor también es, y no tiene variantes, ni morales ni inmorales. La verdad no es moral ni inmoral. El amor tampoco. Sencillamente son, y ahí radica un gran problema del jamón: muchos tememos amarnos a nosotros mismos, o a otros, porque consideramos que algo en nosotros, o en el otro, es inmoral, en esto o en lo otro. El juicio de la moral tiene un peligro: hacernos creer "buenos" si amamos algo "moral" y "malos" si amamos algo "inmoral", y en esa trampa caemos muchísimos. No amarnos, porque amarnos "así" sería "inmoral", es algo muy común. La moralidad es consciente y social a la vez. Muchas veces se distorsiona lo personal cuando se le acomoda a la superficie de la relación social donde radica nuestra conciencia. El amor y la verdad son siempre personales. Cuando se les amolda a lo social... muchas veces sufren.

Otra imitación común del amor es el querer. El querer es incluso más común que el moralismo, y es muy fuerte porque el agujero dentro del cual radica el ego es un barril sin fondo, como uno de los agujeros negros de la astronomía.

El querer no es el amor, la fuerza de la verdad... es la fuerza del deseo, y el deseo atrapa todo lo que se le acerca. El "amor" del ego es el querer. El querer es sencillamente una imitación del amor. El ego quiere. El ser ama. La verdad está en el ser, y uno es cuando cabeza y corazón se juntan, aman.

Ahora bien, en la vida hay que darle atención a todo. También hay que darle atención al ego. Necesita poda constante, y también necesita su cuota de satisfacción.

El amor es paciente, el amor es sufrido, el amor todo lo tolera, todo lo aguanta, acude en ayuda de todo. El amor es generoso, da, siembra, comparte, se entrega. El amor es luz, abriga, cobija, da vida.

El querer es celoso, egoísta, no tolera desafíos, no comparte, pide, es impaciente, no perdona, busca y exige. El querer atesora, oculta, busca sombra, busca abrigo, absorbe.

Por eso hay que amar mucho y querer un poquito, *muy* poquito. El querer es la sal del amor. Demasiado querer sala el amor, pero también hay que querer, de lo contrario el amor no tendría sabor; de lo contrario pasaríamos a la muerte. No querer en lo más mínimo es la muerte. Sí, hay que querer y hay que amar. Hay que amar muchísimo y querer un poquito. Hay que dar al césar lo que es del césar y a Dios lo que es de Dios.

Hay que saber cómo amar y cómo querer en la medida adecuada: amar sin medida, querer con moderación. David ama, Goliat quiere. Amar es del espíritu, querer de la persona. Yo no supe amar lo que quería, ni querer lo que amaba. Fue en la hoguera del fénix donde aprendí a hacerlo. Esa coincidencia se da sólo en la unión de cabeza y corazón. Cada cual tiene sus necesidades, unos más, otros menos. Hay que atender al querer, y hay que amarlo también.

Hay que amar y querer a la vez, en la medida correcta. Ambos, el espíritu y la persona tienen que ser satisfechos. De lo contrario, se rechaza lo amado y se odia lo querido, un mal común del cual yo padecí durante muchísimo tiempo. Durante todo este tiempo subsistió también el humilde y espiritual David dentro de mí. Ése era el otro yo en la dualidad de mi ser. Creo que en nadie acaba de morir ese pequeño David sino hasta el instante mismo de su muerte física... y quizás ni siquiera entonces. Siempre existe en uno la chispita del amor que puede volver a encender el fuego en la hoguera del fénix...

X

Nuestro espíritu

Lo que llamamos nuestro espíritu es un soplo de Dios que abre en nosotros una vía de acceso a Él, un cauce de amor y verdad. Esta vía, este cauce, se encuentra en el punto donde se unen mente y corazón, y aun cuando dicha unión no se dé, ahí está: como cauce, aunque a veces tenga muy poca corriente. Dicen que cuando el río suena es porque piedras trae. A los sonidos del cauce nuestro los llamamos "sentimientos". Nuestros sentimientos pueden hablarnos, y cuando lo hacen, la voz del espíritu resuena a través de ellos. Usualmente nuestros sentimientos se atrofian, dejan de manifestar amor y no nos permiten acercarnos a la verdad. El eco de la voz de Dios en nuestros sentimientos es nuestra auténtica conciencia, la única verdadera.

La conciencia represora, la que corrige, la que sanciona y castiga, sólo es una cruel falsificación de la *conciencia auténtica*, un engaño con el que nuestro ego intenta defenderse.

La conciencia verdadera nos habla siempre de amor. Nos repite continuamente que somos amados y nos invita continuamente a amar. Pero nos falta una clave para oírla. La clave consiste en *aceptar incondicionalmente, y en proporcionar aprecio indiscriminado y estimación irrestricta a todo ser humano por igual, renunciando al provecho personal.* Es por eso que no debe "comerse" del fruto del árbol de la ciencia del bien y el mal.

Comer el fruto es buscar provecho por lo que hacemos. Cuando se trata de la verdad es imposible encontrarla buscando provecho para nosotros. Ésta es la clave. Es sencilla pero no fácil, porque la aceptación, el aprecio y la estimación tienen que proporcionarse de manera consistente, continua, irrestricta mientras vivamos. Pero por fortuna, en la medida en que más lo hacemos, más ayuda recibimos para continuar haciéndolo. Y ésa es la gracia de Dios. Así es como trabaja el amor.

La falsa conciencia se aprovecha de las reglas sociales y las usa como armas de ataque y defensa; se vale de ellas para encumbrar al ego, imponiéndolas en su nombre; es la fuente de todas nuestras angustias y conflictos. La auténtica conciencia, la voz del espíritu, proporciona paz.

Algo que debemos cuidar mucho es la salud de nuestros sentimientos. Los sentimientos débiles dan paso a emociones turbulentas que duran poco, pero que destruyen mucho. Los sentimientos saludables producen abundantes frutos y benefician a un sinnúmero de personas.

XI

De jamonis

En busca del equilibrio perdido.

Nuestro jamón quiere; quiere de todo. Después de todo, somos jamón y queremos ser reales, queremos ser fuertes, queremos ser íntegros, queremos "todo el jamón", el de ahora, el de ayer y el de mañana. Nuestra naturaleza jamónica quiere. Y está bien, ¿por qué no? Pero el querer no traspasa la barrera de la existencia. El amor sí.

El jamón, la forma, demanda existencia. Sin existencia no hay forma. Lo problemático de la existencia del jamón es que es tan delgadita, tan finita que el jamón se pasa toda su vida temiendo dejar de ser. Lo finito es contrario a lo infinito. Lo infinito no radica en la existencia. En otras palabras, pues, lo infinito no existe. Lo finito sí existe. El jamón y la forma ven lo delgadita que es su tajadita presente, la recién rebanada en ese instante, y se angustian, se llenan de inseguridad. ¡Ah!, grita el jamón, ¡si sólo fuera más! Y se dedica de lleno a dar solidez a su forma, a volverse el gran jamón, porque así es el jamón. Por desgracia el jamón es muy temporal, y nadie nunca le podrá dar toda la seguridad que quiere, y es que hay una gran contradicción entre el ser y el querer. El querer no es. Si fuera, dejaría de querer ser.

La eternidad, como el infinito, está en el éter. No está aquí. El jamón se quiere perennizar. Quiere la eternidad. Es natural que sea así. Después de todo, la delgada tajadita de jamón tiene su gustito, y teme perder el gusto. El sabor le gusta, y es lógico. El gran atractivo de la existencia para el ser está en los sentidos: sólo la vida siente, sólo en la vida se encuentran el sabor, el sentimiento, la emoción, atributos todos de la existencia. Ése, para el ser, es el gran atractivo de la existencia. Aquí se siente, aquí se saborea, aquí se vive, pero... pero aquí casi, casi, no se es. Ese sabor, esa emoción, esa existencia tan delgadita es nuestra tajadita diaria y efímera de jamón. No en vano nuestro jamón vive en una permanente angustia existencial. Es la angustia de ser poquita cosa y de darse cuenta de que en cualquier momento deja de existir. Asentado esto, hay otra gran contradicción: el ser en su totalidad, el gran jamón, no existe. En la existencia nunca se da la totalidad. La totalidad no existe. La totalidad solamente es. Pero "queremos ser", ¿no? Y entonces el jamón se pone a inventar maneras para lograr su tránsito a la eternidad. Las inventa porque quiere ser... y en eso radica la gran paradoja jamónica: que aquello de lo que es capaz el jamón, el querer, es incapaz de llegar a la eternidad, porque no es.

La emoción más intensa nunca durará más que unos instantes. Nunca tendrá ser. ¿Y el amor? Ah, aquí tenemos otro problema jamónico. ¿Quién ha visto el amor? El amor no existe, pero es. El amor no es emoción. En todo lo que es verdadero está el amor. Y el amor sí trasciende, porque es. El amor y la verdad pertenecen a la eternidad. Sólo las vidas que logran la trinidad en su ser son capaces de entrar en la eternidad.

La noche y el día, cada condición tiene su lugar. La noche está al otro lado del día; el día, al otro lado de la noche. El amor y el querer tienen, cada uno, su lugar. Están al lado uno del otro. El querer pertenece a la existencia. El amor a la eternidad, y pasa a la eternidad si es que se ha sembrado aquí, si se ha logrado aquí, en la existencia.

Dios mira a uno de sus lados y lo ve lleno de verdad. Voltea al otro y lo ve lleno de amor. Su lado creativo está lleno de verdad. Su lado receptivo está lleno de amor. En la unión de ambos radica el Padre, el que guía y orienta. La verdad es luminosa, porque esclarece. El amor crea, otorga vida. Goethe, quien dijo: "Mira por donde quieras y verás cómo construye el amor", murió diciendo: "Luz, más luz". De la mezcla de sus lados, en la cúspide de la Trinidad, nace la existencia.

Todo lo que existe contiene distintas proporciones de los lados de Dios. Al Padre, que reside en la unión de sus lados en la Trinidad divina, llegamos cuando logramos la unión de sus lados en nosotros, cuando logramos la trinidad en nosotros.

En la eternidad el inicio y el fin se unen. El transcurso llega a sus extremos direccionales y los cruza, se vuelve en dos direcciones, hacia "fuera" y hacia "dentro", se "expande" y se "contrae" al mismo tiempo, lo cual es una imposibilidad en la existencia. Por eso la eternidad no existe; está fuera de la existencia.

La existencia está fuera de la eternidad.

En la eternidad todo *ocurre,* nada *transcurre.* Eso es lo que hace posible la coexistencia de todos los opuestos en la eternidad: que se dan sin desarrollo, sin transcurso. Por eso sólo en la eternidad se da la comunión total.

La presencia en la eternidad de absolutamente todos los opuestos, la coexistencia de todos los opuestos, hace que la eternidad se "cancele" a sí misma, hace que la eternidad sea "puntual", que ocurra sin desarrollo, sin transcurso, sin tiempo, sin espacio. La totalidad es "puntual". El encuentro de todas las fuerzas opuestas entre sí que tiene lugar en la totalidad concentra a la totalidad en un punto *inexistente*. Está fuera de la existencia. El ingreso a la eternidad lleva a la *inexistencia*.

La eternidad es una singularidad. Escapa a la existencia. Se llega a la eternidad por medio de una implosión. Se llega a la existencia mediante una explosión. La inexistencia hace posible la oposición total, el equilibrio sin dirección.

La existencia da dirección a la totalidad; es la cola de la cometa divina. No existimos gratuitamente. Existimos porque la eternidad nos necesita. En la existencia la mezcla de los lados nunca ocurre en igual proporción. Uno de ellos predomina. De lo contrario no habría existencia; los lados se cancelarían el uno al otro, se volvería a la eternidad. La existencia implica un desequilibrio. El desequilibrio de la existencia es "original".

El inicio del transcurso es aquello a lo que llamamos "la creación". La creación, las creaciones, son exhalaciones de la eternidad con las cuales mantiene su equilibrio, se balancea y se da dirección. La exhalación es, por necesidad, desequilibrada. Por eso transcurrimos en la existencia en busca del equilibrio perdido.

Perder el equilibrio es adquirir dirección, es venir a la existencia. La existencia va, por un lado o por el otro, transcurre. La eternidad no va a ningún lado, no transcurre.

La existencia es una toma de dirección, un adjetivo, una emanación de la eternidad. Dios es el Verbo. La existencia es su adjetivo.

Parte del Padre se imprime en la creación. Sale, se "encarna" porque ama, y porque ama está aquí para guiar el regreso al paraíso. *La verdadera conciencia recibe, encarna, la parte del Padre que ha llegado a nosotros desde la creación.* Desde el momento mismo de nuestra salida del paraíso, los que hemos sido excluidos tratamos de volver a Él. La vida consciente añora el equilibrio perdido.

XII

La soledad

El jamón en busca de comunión.

La corriente de vida, su transcurso, sólo es posible en aislamiento. La falta de aislamiento interrumpe el transcurso existencial; algo "entra" en tu cuerpo y si la "entrada" es suficiente, ése es el momento al que llamamos muerte.

El aislamiento de la vida es condición del existir. En nosotros ese aislamiento es la individualidad. Sin amor ese aislamiento se convierte en soledad.

En la condición humana el Padre se imprime a sí mismo. Estamos provistos de su verdad, amor y guía. Cuando unimos la verdad y el amor, hacemos un asiento para el Padre en nosotros; y así es como logramos la trinidad impresa.

La individualidad está dotada de la posibilidad de amor, verdad y guía. El imperio del nombre sobre el ser excluye la guía y pierde tanto la verdad como el amor.

La verdad y el amor permiten saltar las barreras del aislamiento existencial sin destruirlas. Diluyen la soledad. Permiten llegar hasta otras individualidades sin causar destrucción, ni en ellas ni en nosotros. La verdad y el amor son el único remedio contra la soledad de la vida, y entre sí logran la comunión con otros manteniendo la individualidad y excluyendo la soledad. Los intentos de comunión con falta de verdad y de amor aniquilan, nos condenan a vivir en soledad.

¿Transcurre la vida? Sí, en la existencia. En la muerte cesa su transcurso. En el momento de la muerte la vida se estampa en la eternidad con toda la fuerza y todo el sentido con que llegó a la muerte. En ese momento nos habremos ganado el "cielo" o el "infierno". Para cualquier cambio tendríamos que volver a la existencia. En la eternidad no hay cambio.

El aislante existencial de la vida, la individualidad, se disuelve en la eternidad. Nuestra individualidad no tiene cabida en la eternidad. *El nombre nuestro se queda acá.* Pero nuestra verdad y nuestro amor —y la verdad y el amor, como son vivos, siempre son personales— sí sobrepasan la barrera de la muerte. En la eternidad depositaremos aquella verdad y aquel amor que hayamos logrado aquí. El resto va al reciclaje, a la hoguera del gran fénix universal. La verdad y el amor son capaces de sobrepasar toda barrera sin destruirla.

El crecimiento del ser verdadero no se da mediante la inflación del nombre, sino viviendo en amor y verdad. La vida en amor y verdad crece saludablemente tanto en esencia como en sustancia.

De cómo elevar el jamón. Sursum jamón

La verdad y el amor son lo único capaz de sobrepasar la barrera de la eternidad.

Sólo el espíritu de amor y verdad es capaz de preservar la conciencia más allá de la muerte. Si hemos logrado un espíritu de verdad y amor, nuestro espíritu pasará. Si no, no pasará. Por eso se dice que sólo Dios lleva a la vida eterna. Porque toda verdad y todo amor vienen de Dios. Son sus lados, y son el camino. El camino a la vida eterna. Sólo la verdad y el amor son capaces de elevar la conciencia a la eternidad, porque en la eternidad se da la unión de todos los seres. Sin la fuerza del amor y la verdad, la conciencia se disuelve en esa comunión. La comunión sin amor y verdad es una atmósfera demasiado rica para ella, para la conciencia convertida en nombre. La conciencia convertida en nombre no aguanta esa comunión y cae. Es tan falsa que no puede elevarse. Es débil, nunca ha hecho nada: ha transcurrido su existencia sobre los hombros del espíritu, ordenando al alma como si fuese su empleada. No puede elevarse.

La verdad y el amor dan a la conciencia la fuerza necesaria para que ingrese a la común-unión sin disolverse. Sólo con su ayuda se puede llegar a una conciencia capaz de sobrepasar la individualidad, a una conciencia sin divisiones, en comunión total.

La verdad y el amor son los más poderosos de todos los atributos y fuerzas. Se revisten de la totalidad. La totalidad es una. Aquí, en la existencia, la verdad es una y sólo una, en cada uno de nosotros. Todo el resto es falsedad. El amor todo lo abarca, todo lo puede.

La verdad es una en cada uno de nosotros.

Dios en la eternidad es uno. El resto es legión.

La verdad y el amor son los lados de Dios.

El poder de lo uno es el poder de la verdad y del amor. La verdad y el amor unen existencia y eternidad.

El jamón libre e independiente

Todo lo vivo tiene un grado de individualidad. Lo vivo tiene límites definidos que no se pueden violar. Lo vivo *necesita* un elemento de aislamiento. En nosotros ese aislamiento es la individualidad.

La individualidad humana es aislamiento dotado de capacidad de verdad y amor. La verdad y el amor aíslan y relacionan a la vez. Protegen sin rechazar. Unen sin confundir.

El jamón nuestro de cada día confunde la libertad con la independencia. Cuando el nombre se ve a sí mismo como rey y señor, ya se cree libre; pero lo que realmente ha logrado es volverse independiente, y profundiza su soledad.

Libertad e independencia no son lo mismo. La independencia es una imitación de la libertad.

Lo vivo necesita aislamiento, pero... El nombre, al asumir el control del ser, se "independiza" y destruye lo más esencial, la posibilidad de sobrepasar su aislamiento. Para ser libres, para trascender la barrera de nuestra individualidad, se necesitan verdad y amor. Sin verdad y amor no podemos sobrepasar el aislamiento. Libertad es poder relacionarse con otros, sin sacrificar nuestro espíritu ni el de aquellos con quienes nos relacionemos, porque la libertad y el amor no se van a comer a nadie. El querer, en cambio, se come todo lo que encuentra a su paso.

La libertad es de la esencia. La independencia es de la forma.

El nombre, por su apego a la forma, por error original, busca más la independencia que la libertad. Independencia y libertad son muy diferentes. Pertenecen a distintos principios.

¿Puede haber libertad sin independencia? La respuesta es sí. ¿Puede haber independencia sin libertad? Sí, también.

La libertad es del espíritu. La independencia es de la forma.

El desequilibrio de la vida nos lleva, por error original, a alimentar la independencia mas no la libertad.

Et veritas liberavit vos. La verdad os hará libres.

No se puede ser libre sin amor y verdad.

La independencia sí puede rodearse de mentira y de odio.

En nuestra confusión existencial, al darle prioridad a la forma buscamos la independencia e ignoramos la libertad. Nuestra búsqueda de la independencia nos lleva a buscar la autosuficiencia. El jamón, nuestro nombre, confunde autosuficiencia con libertad.

La búsqueda de autosuficiencia nos lleva a crear tantas ataduras, tantos amarres y tantas transacciones en la vida, que perdemos la libertad. *Nos amarramos y encerramos en independencia.* Terminamos solos en un mar de humanidad.

La independencia es cerrada. La libertad es abierta.

Lo paradójico es que en la existencia se puede sobrevivir sin libertad pero no sin independencia. Es parte del error original. En la eternidad es al revés. Ahí se tiene que ser libre, no se puede ser independiente.

Una de las contradicciones de la vida existencial es que se pueda matar la libertad de su esencia mas no la independencia de su forma. El ingreso de una forma en otra lleva a la muerte. Es porque la forma *contiene* la existencia. El aislante existencial está en la forma.

Al confundir libertad con independencia, la individualidad entra en soledad. Se pierde la libertad. Se petrifica el espíritu.

La independencia es un "yo hago lo que quiero". La libertad es un "yo hago lo que debo".

La libertad se sujeta a la verdad y al amor. La independencia del nombre debe respetar la libertad del espíritu. Ése es el equilibrio que estamos llamados a mantener en la vida. Entre las dos se crea y mantiene la individualidad. Cuando la conciencia expande su reino y se impone sobre el espíritu, se acaba la libertad. La individualidad se vacía. Se ha aniquilado la libertad interior. La individualidad se convierte en soledad.

Todo lo vivo es individual, en mayor o menor grado.

No existe una "piedra individual". No hay siquiera una molécula individual. Sí hay una célula individual. Un sapo es individual. Una media piedra sigue piedra entera. Medio sapo deja de ser sapo.

¿Habrá individualidades microcósmicas, e individualidades macrocósmicas?

La independencia es de la forma; la libertad es del espíritu. Idealmente deben lograrse ambas, equilibradamente, para vivir con belleza y corrección.

XIII

Vida y muerte del jamón

La soledad y la individualidad hacen posible la multiplicidad de la vida sin oposición "direccional", sin que lo vivo y existente llegue a las puertas de la eternidad. Vida y muerte son definiciones de flujo y dirección.

Llamamos muerte a nuestro encuentro con la eternidad, que no existe.

En la existencia, la individualidad es el aislante que permite el flujo de la corriente de vida. La individualidad y la soledad están inexorablemente ligadas en la vida.

En la "muerte" se pierde ese aislante. Al hacerlo, la vida pierde su individualidad, se "des-aísla". Caen todas las barreras de la forma. Al perderla, el ser se encuentra con la eternidad...

Al morir, al perderse la independencia de la forma, se hace posible el ingreso a la común-unión, a la comunión eterna, y lo que queda, queda, para ser quemado alguna vez, en algún lugar, en la hoguera del gran renacer. El barro vuelve a su comunión de barro hasta que el barro mismo sea devuelto a la eternidad.

Si al morir el espíritu mantuvo su libertad, si renació con el triunfo de la verdad y el amor, entonces la verdad de ese espíritu y su amor pasan a la eternidad llevados por el alma que alimentaron en la vida. Si no, no pasan.

Cuando el espíritu cae prisionero de la conciencia hecha forma, de aquella que pretende ser rectora, de esa que se infla groseramente, entonces todo perece por ficticio... todo menos el alma, que regresa vacía a la eternidad, ansiosa nuevamente de amor. Venimos a la vida a beber amor. La eternidad existe en amor y verdad. Una conciencia sin amor y verdad no ingresa a ella. La conciencia formal no ingresa, por falsa. La individualidad sin amor es nefasta. Toda dirección emprendida sin verdad es igualmente nefasta.

En la vida sólo se puede ser libre por verdad y por amor. Libre por Dios. La verdad y el amor, lo creativo y lo receptivo, se conjugan en su unión.

Se muere cuando se interrumpe el transcurso, como un vehículo que pierde la dirección. La vida sin dirección acaba en la muerte.

Cuando se vive en el nombre de uno, el nombre preside sobre una ficción. Para ser verdadero se tiene que quitar de en medio el nombre, restaurar el espíritu y servir al alma. Dar a Dios lo que es de Dios.

Quitar de en medio el nombre quiere decir aceptarse a sí mismo tal como uno es, con todas sus virtudes y todos sus defectos. Ése es el significado de la humildad. Ésa es la primera verdad en el camino a Dios.

La primera verdad es aceptarse a sí mismo, no el mero conocerse a sí mismo. El *cogito ergo sum* es una arrogancia del nombre, proviene del nombre. La aceptación de uno mismo proviene de una actitud interior, de la esencia del ser, de su espíritu.

El pensar no posibilita el ser. Es al revés. El ser posibilita el pensar. El ser sostiene o debiese sostener y mantener la conciencia. Cuando lo logra, el ser es un ser consciente. Cuando el nombre monopoliza la conciencia, el nombre es la conciencia. El nombre consciente es falso, porque la conciencia no viene de él, aunque crea que le pertenece por ser su eje de relación con el mundo.

El momento de aceptación del ser es el momento del nacer de nuevo. Tiene una secuencia invariable.

El nombre, el falso ser, nace como fruto del error original. Se adueña de la conciencia y, en su arrogancia y temor, decide "mejorar" al ser, y lo suplanta. La vida como ficción, la separación de la verdad, la pérdida del paraíso, son el resultado de ese acontecimiento. Hemos comido la manzana y tenemos que cubrirnos, ocultarnos.

Cuando por fin el ser le quita al nombre el papel de director se produce el retorno del hijo pródigo y se regresa al camino de la verdad.

El hijo pródigo retorna cuando abandona su arrogancia y deja de buscar lustre para el nombre propio.

Se sale de la eternidad y se ingresa a la existencia con una explosión direccional. Como la dirección no puede ser sólo una sino por lo menos dos (una dirección implica otra dirección, acción y reacción), entonces se deduce que la creación se da en pareja. Dios crea su Adán y también su Eva. Llamamos masculino a la acción, a lo creativo; femenino a la reacción, a lo receptivo. Primero viene la acción. Dios crea primero a Adán, después a Eva. Creó este universo pero también ése. ¿Cuál será? Ambos están en los lados de Dios.

En la existencia, la libertad sólo se ejerce de manera limitada. La independencia es un prejuicio de la libertad existencial.

El uso ha tergiversado el término "independencia", según el cual la independencia se reduce a poder actuar solos, *in-dependientemente*; y el ego se vale de este sentido para considerar que la libertad y la independencia son lo mismo. Llamamos entonces libre al que puede actuar de forma independiente.

El jamón quiere ser independiente. Quiere ser alguien con amplios recursos. Nuestro jamoncito quiere ser independiente: no depender de nada ni de nadie. Sin embargo, la independencia total es imposible. La libertad absoluta es igualmente imposible en la existencia. La libertad total sólo es posible en la muerte, cuando nos despojamos de todos los grilletes de la existencia.

Independencia y libertad *coexisten* en la vida mediante el amor y la verdad.

En el afán de consolidar la independencia se cobija el individualismo desorientado, uno que carece de sentido, uno que sale a "labrar el nombre propio".

La independencia parece ser. Sólo es forma. La libertad es contenido. La libertad es activa pero no ofensiva. La independencia es forma, es defensiva pero no pasiva. La libertad fluye hacia fuera, relaciona, comulga. La independencia no fluye: aísla, defiende, encierra.

Para algunos, esta existencia es el despegue a la libertad absoluta, una plataforma de lanzamiento a la comunión total, fuera de la existencia. La comunión total es una característica de la libertad extraexistencial, donde la independencia no figura, donde se puede dar una libertad sin independencia pero consciente.

La individualidad arrogante fue expulsada de la eternidad. Lleva el nombre de Lucifer.

Fuera de la existencia, en la extraexistencialidad, según la literatura bíblica, el que declara su independencia es el demonio.

Nuestras vidas son puntadas en las costuras que unen los lados de Dios...

Normalmente llamamos "vida" a un lado de las puntadas. A las que vienen al revés las llamamos "muerte". Unas vienen de frente, las otras al revés. El hilo no acaba en una puntada. Sigue.

Ambas, las puntadas de frente y las puntadas al revés son regalos de Dios.

Jorge Manrique, en las *Coplas por la muerte de su padre*:

Recuerde el alma dormida,
Avive el seso y despierte
Contemplando
Cómo se pasa la vida,
Cómo se viene la muerte
Tan callando...

Cada puntada tiene su tarea, unir puntos específicos en el telar cósmico. Cada vida y cada existencia tienen su tarea en el diseño de Dios.

El cosmos es el conjunto de las telas de Dios. Es la unión de todas sus creaciones, siempre unidas por las puntadas divinas.

Eclesiastés, versículo tres, capítulo uno: "Para todo hay un tiempo, y todo propósito tiene su lugar bajo el cielo".

En la procesión de puntadas, algunas se convertirán en piedras en el camino. También cumplen su función.

Per aspera ad astra. El camino a las estrellas es áspero. Está lleno de piedras, que ayudan a pisar. Subimos o descendemos por una escalera viva, y a veces en llamas. Lo que debemos quemar también sirve.

Sólo el andar ligero de carga permite llegar a la altura. El pobre espíritu que llega a la montaña cargando el nombre pierde el paso y se desbarranca.

Hasta donde sabemos, nuestra vida es la puntada de un hilo en este universo.

Los puntos de entrada y salida en los universos son tremendas implosiones y explosiones de ser. Todos están enraizados en la singularidad, el triángulo circular.

Dios respira interminablemente y con cada aliento produce una nueva creación. Descansa después de cada creación.

XIV

La *m* del jamón

El jamón no sabe qué es el espíritu. Mucho menos sabe qué es el alma. Son dos cosas distintas.

El espíritu

El espíritu todo lo permea. Es el origen y el fin de todo. Se encuentra en todo el universo. Su "ser", como todo ser, sólo puede concebirse en virtud de sus propiedades, y éstas en virtud de sus relaciones. Un aspecto de su naturaleza es el de la vibración o radiación, y todo lo penetra. Otro aspecto es su inteligibilidad. El espíritu, como la inteligibilidad, es "conciencia", "comprensión" y "sabiduría". De estas tres propiedades, la primaria es "la conciencia" que supone libertad y capacidad de elección.

El espíritu, como origen y fin último, no es manifiesto, y como tal es denominado DIOS y considerado el sumo bien; mas también es inefable, y por ello, mejor es no intentar decir más sobre él.

Aparte de ser origen y fin de todo, tiene una presencia en nosotros, aunque a nadie le pertenece, pues es nuestro fundamento común, así como nuestro guía.

No manifiesto como origen y fin de todo, su presencia en nosotros, sin embargo, sí tiene claras manifestaciones: se manifiesta como lo que llamamos "nuestra conciencia o el darnos cuenta", "nuestra comprensión o entendimiento" y "nuestra responsabilidad, o saber lo que estamos llamados a hacer".

Todos nosotros tenemos acceso parcial a la conciencia, a la comprensión y al saber. Este acceso puede aminorarse o acrecentarse, y aquí en este mundo sólo el jamón es capaz de jactarse de que dichos atributos le pertenecen. Nuestro acceso a la comprensión y al saber nos autoriza a pensar que debe existir en el universo una fuente no manifiesta e inagotable de conciencia, comprensión y saber. A esta fuente se le considera como el origen y fin del universo, y considerada así es "el espíritu no manifiesto".

Hay dos aspectos del espíritu: uno no manifiesto y otro al que tenemos acceso y que se deja entrever de manera difusa. Este segundo aspecto es el que permite que hablemos "del espíritu con rostro humano" o más sencillamente de DIOS. Sin embargo, hay que tener mucho cuidado, pues en nombre de Dios suelen perpetrarse muchos crímenes.

De los tres atributos espirituales —conciencia, comprensión y saber— el básico es la conciencia, pues de ella emanan o provienen la comprensión y el saber. Se ha pensado que la conciencia es un producto del cerebro humano, pero no es así. La conciencia está en todo el universo. Nosotros somos "estaciones móviles" de conciencia, vinculadas a la gran conciencia universal. Sin embargo, muchas veces —la mayoría de las veces— ese vínculo ha sido desactivado por el jamón, que se cree gestor y dueño de "su" conciencia.

El vínculo a la gran conciencia universal en cada uno de nosotros está, potencialmente, en el cerebro de cada uno. Así como los televisores y radios son receptores, de manera similar nuestro cerebro recepta conciencia. Éste es un hecho, no una elucubración. Un último libro de Alva Noë, filósofo y científico cognitivo, sostiene que la conciencia requiere de la operación conjunta del cerebro, el cuerpo y el mundo (*Out of Our Heads* por Alva Noë, Hill and Wang, 2009). Datos sobre esto se conocen desde la más remota antigüedad. Aquí los estoy expresando en términos conceptuales modernos.

Más importante que lo anterior, es que los humanos no sólo estamos dotados de cerebro sino de todo un cuerpo con el que podemos interactuar en conformidad con lo que esa conciencia nos revela, o de espaldas a ella. Lo que llamamos "Yo" es un sistema para conciliar o armonizar la conciencia con nuestro cuerpo. El Yo verdadero en cada uno de nosotros se encuentra siempre en la unión de cabeza y corazón y actúa siempre en el nombre del Padre. El Yo jamónico siempre está más hacia un lado o hacia el otro y actúa invariablemente en nombre propio. La verdadera conciencia, la del Yo verdadero, está vinculada —aunque nuestra percepción no se dé cuenta de ello— a la gran conciencia transpersonal del universo. En la medida en que el Yo desempeña activamente su función, dicho

Yo crece y se desarrolla; su inactividad y su mal funcionamiento lo deteriora. La verdadera conciencia nos eleva al campo de seres "inter-seres".

Cuando pasamos por el umbral de la muerte nos integraremos al espíritu no manifiesto, pero la mayoría de las personas no podrán darse cuenta de ello, por no haber desarrollado debidamente su llamada "alma".

El alma

Alma es lo que el jamón cree que es su "Yo", el nombre, sin saber lo que está diciendo. Lo que en realidad designa esta palabra es un "agente armonizador". Nacemos con un agente armonizador potencial que debemos desarrollar en el curso de nuestras vidas, y en este sentido estamos llamados a ser los "cocreadores de nuestra propia alma". Desarrollar nuestra alma es lo mismo que dotarla de una especie de cubierta o casa que le permita desempeñar sus funciones. Esta especie de "cuerpo anímico" no es ciertamente nuestro cuerpo celular, es más bien un cuerpo como el de los perfumes o gases más sutiles. El proceso de creación de tal cuerpo empieza despertando o accediendo a una conciencia plena. Este logro requiere de un trabajo con nosotros mismos destinado a incrementar la escasa conciencia que tenemos acerca de lo que pensamos, sentimos, hablamos y hacemos.

El jamón invariablemente verá esto como una tarea muy pesada. Es que el jamón esta convencido de que ya tiene conciencia, de que él es su conciencia, y de que esta conciencia lleva su nombre. Además, crear y mantener una conciencia plena requiere de gran dedicación, y el jamón, como todos lo sabemos, es muuuy flojo.

El trabajo conducente al despertar a una conciencia plena consiste en mirar y tratar a todos con amor y atención, y para hacerlo tenemos que comprometernos con nosotros mismos a tres cosas. Primero, se debe renunciar a toda imposición, renunciar incluso al impulso de corregir o señalar los defectos de otros; ninguna corrección señalada es fructífera.

En segundo lugar, se debe aceptar, abrazar y acoger incondicionalmente a toda persona. Y por último, debemos abstenernos de todo juicio personal. Este triple compromiso no basta efectuarlo una vez. Debe renovarse continuamente.

Todo esto es difícil para el jamón porque debe hacerlo con gozo y entusiasmo. También debe tener en cuenta que nadie es más culpable que otro. Los que se consideran como malvados suelen ser los que arrastran las cadenas más pesadas. Los que no han transitado aún por el camino de su despertar carecen de voluntad propia, y todo cuanto hacen proviene de los caprichos del jamón.

El jamón de quienes ya han transitado el camino se transforma, guiado por la conciencia verdadera, y, una vez atravesado el umbral de la muerte, partes incluso del mismo jamón pueden llegar a gozar del nivel de vida o mundo espiritual al que llamamos "cielo".

Todo bien proviene de la conciencia; de ésta proviene la comprensión, la responsabilidad o sabiduría, y lo más importante, el amor. Gracias al amor, podemos participar en el acto divino de la creación. Sin amor no hay creación.

Dios une un poquito de este lado y un poquito del otro lado, los mezcla, y de ellos... sale una creación.

La creación

Creación es existencia, con engranajes dentro de engranajes conectados a otros engranajes dentro de la gran existencia universal. Nuestra existencia individual, dentro de la gran existencia universal, tiene su propio tiempo y su propio ciclo. Así como existe la verdad de cada uno, también está el tiempo de cada uno.

Todas las existencias, la nuestra individual, y la gran existencia universal, son más finas y delgadas que la más fina rebanada de jamón. En el caso de la existencia universal, la rebanada es al mismo tiempo inmensamente grande... y extremadamente delgada.

La existencia es estrecha, muy estrecha. No es más que una delgadísima membrana... es la M del ja-M-ón. Creemos que todo es grande, ancho y profundo, pero la profundidad de nuestro universo no es más que una ilusión. Sí, es grande y ancho y extenso... pero nada profundo. La existencia es en realidad muy efímera, más fina y vaporosa que un velo. Más aún, la existencia es un velo... o membrana.

Es una membrana cuyo grosor total no se mide en centímetros ni milímetros, ni micras ni micrones, sino en millonésimas de segundo. La mínima unidad de tiempo: ese es el grosor del universo, y esa es la profundidad de la existencia. En la existencia, la mínima unidad de tiempo abarca la máxima unidad del espacio. Es así que la existencia es a la vez máxima en extensión y mínima en profundidad. La unidad conjunta de "espacio-tiempo" es una membrana, la M del jamón.

La membrana vibra y es su vibración la que le da aspecto... la que la hace "parecer". Sin vibración... no existiría... la existencia. La existencia es sostenida por vibración, con frecuencia determinada en el momento mismo de la creación. En ella, en la vibración, están el espacio y el tiempo.

La membrana es vibración. Espacio, tiempo, materia y energía son atributos y productos de la membrana.

Cada creación tiene su tono, y cada vida también. Si pudiéramos vernos como realmente somos, nos veríamos como conjuntos vibratorios dentro de vibraciones que están dentro de otras vibraciones, en compás con muchas vibraciones más... de manera que somos, sí, sinfonías andantes.

La creación es una membrana vibratoria producida en la unión de los lados de Dios. ¿Hay una sola creación? No, Dios viste muchos velos.

Nuestra existencia individual —como individuos que somos— es tan delgada como lo es la gran existencia del universo entero. La sensación de profundidad en la existencia, la tercera dimensión... es casi una ilusión. Nuestra profundidad aparente: ese es el misterio. ¿Por qué la profundidad aparente? Si la existencia en sí es tan delgadita, si no es más que el instante *actual*, entonces ¿por qué esa apariencia de "grosor" y solidez del mundo? Es así porque nuestra percepción es muy lenta, es tan lenta que nos perdemos en un instante a medida que pasan los instantes. Es como si los instantes nos envolvieran, como si estuviésemos sumergidos en ellos.

Nuestra percepción es lenta, muy lenta, y la existencia es rápida, muy rápida.

La combinación de rapidez en el ocurrir universal y de lentitud en nuestro percibir individual, nos hacen creer en la aparente profundidad del existir. Los instantes se suman unos tras otros y allí estamos nosotros, atrapados siempre en un instante, bajo una montaña de otros instantes recién pasados pero que aún están como "actuales", dentro de nuestra percepción.

Lo que nosotros llamamos el presente incluye la suma de momentos ya pasados a los cuales todavía está pegada nuestra percepción. Eso... y la continuidad le dan su aparente solidez a la existencia. Hay continuidad. La M esta unida, independientemente de cualquier percepción, al "ja" y al "ón" del ja**m**ón, y esa continuidad refuerza la apariencia de profundidad en el existir... esa continuidad sí es real, al margen de cualquier percepción. No necesitamos percibir la continuidad para que esta exista.

Tenemos apariencia de solidez por percepción y por continuidad. Pero, así como parecemos ser sólidos, de igual manera, en cualquier instante dado, y sin que nadie se percate de ello, pueden cruzarnos vibraciones de las que nunca nos daremos cuenta y con las que nunca estableceremos contacto porque no nos impactan. Sólo somos capaces de percibir las vibraciones que están dentro de la membrana de la que formamos parte. Hay muchas otras membranas de las cuales jamás nos percataremos, pero... el Gran Hacedor... Él sí lo sabe, y con un "movimiento" suyo todas las membranas cobran movimiento a su alrededor.

Los "movimientos" del creador son *sui generis*, de género propio.

¿Nosotros? Nosotros sólo somos capaces de percibir aquello que está dentro de la membrana en la que vivimos. El resto no lo percibimos. El resto puede pasar delante de nuestras narices sin que nos percatemos. ¿Qué hay al otro lado de "nuestra" membrana? Hay otro mundo. U otros mundos, todos los cuales actúan sobre nosotros sin que nos demos cuenta de ellos, aquí y allá, dando tensión, tirando y jalando "nuestro" universo, la membrana de nuestra vibración. Ese tira y jala produce inflación o contracción en la membrana universal.

Creemos que todo lo que influye sobre nosotros esta "acá". No es así, porque no todo está "acá", pero nunca lo percibiremos porque sencillamente lo que no esta "acá", no esta "acá". La existencia se desarrolla a determinado ritmo con variaciones en distintos tiempos y lugares. Espacio y Tiempo son vibración.

Nuestras vidas son tan delgaditas... que la rebanada del jamón más delgadito que se pueda jamás cortar es muchísimo más gruesa que el grosor de nuestro ser en cualquier instante dado... lo cual hace que seamos muy, muy inseguros. No tenemos más grosor que el del instante, en cualquier instante dado pero... es un instante con continuidad, y somos tan lentos que cada instante nos rodea como un mar, mientras que el existir transcurre rapidísimo, y hay continuidad. De estos elementos se deriva la solidez que percibimos. La solidez permite el movimiento. Dios nos dotó de continuidad... a nosotros y a la existencia. Estamos en la existencia mientras no se rompa esa continuidad.

El tiempo tiene dirección. Es la dirección de la inflación... o de la contracción de la membrana universal, y tiene valles y tiene montañas, llanuras y quebradas, olas y pozos. Hay tiempos más rápidos y otros más lentos, y en nosotros mismos la percepción del tiempo varía. Algunas veces nos parecerá que estamos en un valle y otras que nos hemos encontrado con... ¿un hueco?

XV

Miedo, arrogancia y vanidad del jamón

Pasé años de mi vida sintiéndome muy poquita cosa. Una amiga —María Elvira Salazar— me dijo en 1992: "Descalzi, parece que eres el único que no se da cuenta de que eres Descalzi". Darse cuenta, darse cuenta. Yo no me daba cuenta. Otro amigo mío, Claudio Solari, ya me había dicho lo mismo más de 30 años atrás. Me dijo sorprendido: "Guillermo, tú no te das cuenta". Y así era, yo vivía así, sin darme cuenta de mi realidad. Estaba tan asustado que bien pudiese haber estado dentro de un hueco, agarradito del borde con los dedos de las dos manos, con los ojos bien abiertos mirando para fuera con temor de que el mundo cayese encima de mí. Mi visión era enteramente para fuera, defensiva. No miraba hacia dentro, y por eso no me daba cuenta.

Así se interrelacionaron el miedo, la arrogancia y la vanidad en mi jamón. Creo que en los pocos instantes en que logré fijar la vista en mí me asusté tanto de lo que vi que inmediatamente volví al hueco con la mirada puesta fuera, a resistir el asedio del mundo. Y así, con la vista hacia fuera, me asaltaba la inseguridad porque todo lo veía como un desafío. Así se conjugaron mi miedo, mi arrogancia y mi inseguridad.

Fui corresponsal en la Casa Blanca durante muchos años. Llegué a ella al final del periodo de Jimmy Carter. Cubrí allí las presidencias de Ronald Reagan, George Bush padre y algunos años de Bill Clinton... y en ese tiempo, en todos esos años, siempre me dio miedo levantar la mano en el salón de prensa para hacer preguntas. ¿Por qué me daba miedo? Por vanidad: como yo miraba fuera, a ver cómo el mundo me trataba, creía que todos tendrían la vista puesta en mí. Si eres martillo, todo lo que ves son clavos. Temía que mis preguntas no fuesen a impresionar, que no fuesen lo suficientemente "buenas", que no estuviesen a la altura de..., etcétera. Y además siempre buscaba equilibrio en el "modelo bicicleta" de la vida, un modelo según el cual es más fácil mantener el equilibrio a velocidad. No me atrevía a detenerme porque me daba miedo caerme.

Corría siempre. No me daba descanso. Hay un pez que vive igual: el tiburón. El tiburón no tiene vejiga de flotación, por lo que si se detiene, se hunde. Nunca vas a ver un tiburón detenido a no ser que esté sobre la arena en algún lugar poco profundo, pero en alta mar, si el tiburón se detiene se va al abismo. Quizás yo vivía así, como tiburoncillo, o como en carrera de bicicletas. Creía que el equilibrio era difícil y que vivía en un mundo de tiburones porque así lo había percibido: que la gente es fiera y que hay que tener miedo, incluso a los que te quieren, porque los que te quieren también son fieras. Ése fue mi karma heredado, mi karma familiar.

Viví rodeado de mucho querer, y como el querer es egoísta y ruge cuando algo no le agrada, empecé entonces a temer lo querido. Confundí el querer con el amar y empecé a temer el amor. Viví mi niñez con miedo de ser víctima. Yo era el tiburoncito que temía ser comido por el tiburón grande, y quizás pensé que debía ser un gran tiburón cuando creciera. Ése es el karma familiar: es producto de la familia en que naciste y creciste. Yo vivía en medio de mucho rugido y mucho querer. Más te pego, más te quiero, y me pasó algo similar a lo del avestruz: me metí en un hueco, sólo que lo hice mirando hacia fuera por miedo al mundo. Así me escapaba de todo y de todos los que se me acercaban, sin darme cuenta. No me daba cuenta de que querer no es amar. Crecí rodeado no sólo de mucho querer, sino también de un moralismo muy intenso.

El moralismo todo lo juzga y, como imitación de amor, al revés del querer que es muy caliente, el moralismo es muy frío. En mi ser de niño eso provocó tremendas olas de inseguridad. Los mordiscos del querer y de la marea moralista que rodeó mi niñez terminaron asustándome. ¡Qué miedo! Quizá por eso empecé a correr, y así empecé mi carrera de escape por la vida, buscando equilibrio en la velocidad. Pero lo más gracioso es que la inseguridad y el miedo producen arrogancia.

La arrogancia siempre está acompañada de miedo e inseguridad. Es su "balance", y es muy superficial. La vida parece complicada, ¿no?, pero en realidad es muy simple: la arrogancia es una máscara para tapar el miedo y la inseguridad, y está ahí, siempre ha estado ahí.

> Palabras del predicador, hijo de David, rey de Jerusalén: Vanidad de vanidades, dice el predicador. Vanidad de vanidades, todo es vanidad.
> (Eclesiastés 1:1-2)

Vanidad y arrogancia no son precisamente lo mismo. La arrogancia va para fuera. La vanidad va para dentro. La vanidad hace que uno no se perdone a sí mismo sus propias faltas, su propia pequeñez, y que empiece a correr para dejar atrás a ese ser del cual estamos insatisfechos. Si uno no ha llegado a someter su vanidad, no encontrará jamás paz, porque siempre estará corriendo. Es un absurdo porque no importa cuánto pedalee uno en su vida modelo bicicleta, uno nunca podrá dejarse atrás a sí mismo.

La vanidad nos lleva a rechazarnos a nosotros mismos en nuestra propia pequeñez. La arrogancia nos lleva a inflarnos para aparentar suficiencia en relación con los demás, y en realidad no importa cuán pequeños o grandes seamos en relación con otros. La única medida real es en relación con nosotros mismos. Ah, pero entonces viene la vanidad, ¿no?, y nos creemos muy poquita cosa. Nadie, nadie está justificado ni cuando se abandona a sí mismo por considerarse poquita cosa, ni cuando se infla para poder medirse con otros en "suficiencia". La verdadera medida es la que nos compara con nosotros mismos, porque no importa cuán distintas sean las circunstancias de nuestras vidas, el desafío interior es el mismo para todos: renacer, encontrarse a sí mismo, aceptarse. Es tan difícil para alguien confinado a una silla de ruedas como para alguien con plena salud física.

Ése es uno de los significados de la igualdad: la lucha por la autoaceptación es la misma para todos, ricos y pobres, feas y bonitas, fuertes y débiles, sanos y enfermos.

El jamón insatisfecho

Uno está insatisfecho porque no es lo que cree que debe ser. ¡Oh, soy jamón, pero debiera ser caviar! Mentira: la aceptación lidia con la insatisfacción de no ser lo que creemos que debiésemos ser, y una vez que uno se acepta como es, *esa* insatisfacción desaparece. Pero queda aún *otra* fuente de insatisfacción: la de no hacer lo que se debe hacer, y eso es otra cosa. El jamón es víctima de dos tipos de insatisfacción: la de no ser y la de no hacer.

El jamón piensa que a él no le toca hacer mucho porque después de todo (y para eso sí es humilde) es sólo un jamoncito. Somos flojos. El jamón piensa que no le toca dar de sí. ¡Huy, si doy, me comen! La tendencia natural del jamón es a dar y hacer sólo lo mínimo posible. La tendencia natural del jamón no es a dar sino a recibir. Nuevamente: ¡huy, si doy, me comen, y miren lo delgadito que estoy! ¡Soy yo el que necesita comer! El jamón piensa que no le toca hacer mucho e ignora el deber. No sólo lo ignora: lo esquiva. Hacer lo que se debe no es para el jamón.

Lo correcto es hacer lo que se debe. Deber quiere decir dar y como al jamón no le gusta dar, entonces empieza a actuar sin corrección. No hacer, o dejar de hacer lo que se debe hacer es incorrecto, y en esa incorrección está la otra causa de insatisfacción en la vida del jamón. No hacer lo que se debe hacer socava la vida jamónica. Pobrecito. Se pasa la vida tratando de que no se lo coman, pero pierde grandes pedazos de sí mismo en los vacíos por los que atraviesa, por no hacer lo que debe hacer. El jamón se socava, se serrucha el piso. Avanza como caracol, hundiéndose en los huecos del camino por el que se desliza, dejando grandes trozos de sí en ellos. Es parte de nuestra tendencia natural, "original", a hacer lo fácil, a hacer el mínimo, y esto debilita. Nos debilitamos por no hacer lo que debiésemos hacer. Por no llenar los huecos en el camino del caracol. Esa debilidad produce insatisfacción. Somos débiles y estamos insatisfechos porque generalmente no hacemos todo lo que debiéramos hacer. Ahora bien: para eso somos libres. Podemos hacer o no hacer lo que debiéramos hacer. ¿Hacemos lo que debemos o hacemos lo que queremos? Si sólo hacemos lo que queremos, entonces vamos a dejar grandes trozos de nosotros mismos en los huecos del camino.

La satisfacción no viene de hacer lo que uno quiere. La verdadera y única satisfacción se deriva de hacer lo que se debe. Eso no quiere decir ser puritanos o moralistas: también el jamoncito tiene que ser satisfecho en sus necesidades de jamón, así que también hay que darle lo que quiere cuando dárselo es lo correcto, ¿no? Hay que atender a las necesidades físicas, ¿no? Imagínense pasarse varios días sin atender la necesidad de... ¡comer! Hay que atender al jamón cuando eso es lo debido.

XVI

El jamón, la libertad y la felicidad

"*Life, liberty, and the pursuit of happiness*": este concepto está en uno de los pasajes más célebres de la declaración de independencia de Estados Unidos. Consagra como uno de los derechos inalienables del hombre el de la búsqueda de la felicidad. Por desgracia, hemos confundido la búsqueda de la felicidad con la búsqueda de la satisfacción, y de ese punto de partida procedemos a un error aun más grande cuando confundimos la satisfacción con el placer. Queremos ser felices y acabamos buscando... placer.

Para empezar, el "querer" ser felices no tiene lugar ni aquí ni allá. Nadie llega a la felicidad buscando lo que quiere. La verdadera felicidad se alza no sobre el querer sino sobre el amar, y el amar está relacionado con el deber, no con el querer. La satisfacción del deber cumplido: sobre eso se levanta la felicidad, aun cuando ese deber sea "físico" y "corporal". El amor tiene mucho que ver con la satisfacción del deber. Van de la mano, son hermanos: *duty and love*, amor y deber.

El deber no es obligación, no es imposición y no es rígido. Está relacionado con el amor... El amor lleva a hacer lo debido, y la insatisfacción de no haber hecho lo debido es, en el fondo, por no haber amado debidamente. Por eso, todo amor es, intrínsecamente, debido. Si es amor, es debido. No existe amor indebido. Deber y amar se juntan. El deber sin amor no tiene sentido. El deber sin amor es eso a lo que llamamos "moralismo".

El jamón, la vanidad y el mínimo común denominador

Por una razón u otra es común rechazar lo que es menos y valorar lo que es más. Es como si más fuera mejor, y constantemente buscamos más y más y más. Buscamos el máximo denominador nuestro, lo que nos haga únicos: tengo corona, soy rey. Soy doctor, soy el doctor Fulano de Tal. Buscamos mostrar ante el mundo aquello que nos singulariza y así, de pronto, de esa tendencia a mostrar lo que nos singulariza, a mostrar el máximo denominador nuestro, de allí surge el elitismo tan común en toda asociación humana, el querer distanciarnos de lo que es menos. Nos volvemos elitistas y rechazamos lo común porque lo común no es "lo máximo".

Buscamos lo mejor, porque el jamón se merece lo mejor, lo más elevado, lo más... más, ¿no?, pero, nos olvidamos de una cosa: para dar un paso tenemos que levantar lo menos elevado de nosotros mismos, la planta de nuestros pies. Lo contrario, el mover sólo las partes "elevadas" de nuestro cuerpo, es imposible, y sin embargo en nuestras vidas tratamos de darle atención sólo a lo "más alto", a lo "mejorcito", como si las cabezas pudiesen dejar atrás a los pies. Es una actitud natural del jamón. Viene de su vanidad y arrogancia.

El jamón no quiere ser grasoso; quiere olvidar su grasa, no quiere creer que es su grasa la que le da su distinción. Dime cómo es tu grasa y te diré cómo es tu jamón. Lo mismo ocurre con todos nosotros. Nos rehusamos a creer que venimos del mismo lugar. No, no, yo no soy jamón común; yo soy jamón fino. Rechazamos nuestro mínimo común denominador. Somos elitistas por naturaleza jamónica, y como es imposible ser jamón sin grasa, como un jamón sin grasa no puede tener sabor, entonces nos condenamos a vidas relativamente insípidas.

Igual que en la eternidad se da la conciencia transpersonal, aquí en la existencia lo que hay es la grasa transjamónica.

¿Sin sabor? ¿Tu vida no tiene sabor? Tienes que buscar tu mínimo común denominador, tu grasa transjamónica, la que da jugo a la vida del jamón. Sí, el jamón tiene que abrazar su grasa, y nosotros tenemos que abrazar la nuestra.

He estado en lugares donde la diferencia entre los que mandan y los que son mandados es tan grande que el trabajador es considerado un infeliz. Pasa en todos lados. Los intocables están presentes en todas las sociedades.

Es una situación triste porque nos cortamos los pies cuando queremos vivir valiéndonos sólo de nuestra cabeza. Lo mismo ocurre en toda relación humana: tenemos que abrazar lo más "bajo" de nuestra sociedad pero, como ése es un "deber" y no es posible cumplir un deber sin amar... Si no hay amor la cosa se va a quedar así, con los pobrecitos allá, a la distancia, marginados.

No nos damos cuenta de que al marginarlos a ellos nos marginamos a nosotros mismos.

Nuestro elitismo de jamón nos imposibilita aceptar nuestro mínimo común denominador como seres humanos, pero así es de absurda nuestra vida de jamón, y de ese absurdo tenemos que salir. ¿Quieres vivir en las alturas? Para eso tienes que elevar lo más bajo de tu ser, y para hacer eso primero tienes que encontrarlo y abrazarlo. *No grease, no love*. No hay amor sin grasa.

El rechazo o negación de lo que compartimos con el resto —y lo que compartimos, lo compartimos por más que lo neguemos— nos hace perder las partes rechazadas en nuestra propia humanidad, y la muerte de una parte del cuerpo llega finalmente a matar al resto, por gangrena.

La actitud deshumanizante es un cuchillo de doble filo. Corta al que lo esgrime tanto como al que lo recibe. Se da en todos lados. Somos deshumanizados por nuestro deseo de establecer distancia entre nosotros y los de "abajo". No podemos recuperar nuestra humanidad perdida sin encontrarnos primero con ésos, con los que están abajo.

La dignidad solamente es posible en la aceptación de nuestra grasa transjamónica. De lo contrario, no hay dignidad. Sólo hay vanidad y arrogancia.

La autenticidad del jamón normal

Una de las paradojas en la vida del jamón es que quiere ser auténtico y normal a la vez. ¿Será posible? ¿Puede uno ser auténtico siendo normal? ¿Puede una persona normal ser auténtica? Sí, la respuesta es sí, pero es poco probable. Es poco probable que la normalidad sea auténtica. Es posible pero poco probable.

La normalidad es por definición promedio. La norma es promedio. Lo normal no puede ser otra cosa que promedio. ¿Puede algo auténtico ser promedio? Lo normal para el mundo puede tener ciertos visos de autenticidad, pero lo auténtico para uno es impromediable. Lo auténtico en uno se mide necesariamente dentro de uno mismo, y por eso es impromediable. Lo normal es para el mundo, lo auténtico es para uno. Sí, puede haber cierta autenticidad en lo normal, y cierta normalidad en lo auténtico, pero tienen distinta dirección. La normalidad es para fuera, la autenticidad es para dentro.

Queremos ser normalitos y auténticos a la vez. Oh, pobre jamoncito, no se da cuenta de que estos deseos no son tan contradictorios como parecen, porque tienen distinta dirección. El pobre jamón anda enfermo tratando de armonizar su deseo de normalidad con su ansia de autenticidad. No se da cuenta de que no hay oposición real entre uno y otro porque pertenecen a distintos mundos. No es imposible ser normalito por fuera y auténtico por dentro.

En la vida personal, como en la vida política, también debe reconocerse la separación de poderes: está el poder de "fuera" y está el poder de "dentro". El reino del césar y el reino de Dios se dan en nuestras propias vidas, lo cual nos lleva a la gran incógnita existencial en la vida del jamón: ¿para qué vivimos? ¿Tendrá algún significado mi vida? ¿Cuál? ¿Y qué tiene que ver el significado con la autenticidad y la normalidad?

XVII

El significado de ser jamón

Quisiéramos pensar que no somos insignificantes, pero ¿cuál, cuál es el significado de la vida? No tener significado es ser insignificante, y a pesar de creernos muchas veces insignificantes, tenemos horror a vernos así. Por eso es necesaria la "autenticidad", porque la autenticidad confiere significado a la vida.

¿Para qué vivimos? ¿Cuál es el significado de la vida? ¿Qué es... la vida? Vayamos a un fragmento de *La vida es sueño*, de Pedro Calderón de la Barca:

Es verdad; pues reprimamos
esta fiera condición,
esta furia, esta ambición,
por si alguna vez soñamos:
y sí lo haremos, pues estamos
en mundo tan singular,
que el vivir sólo es soñar;
y la experiencia me enseña
que el hombre que vive, sueña
lo que es, hasta despertar.

Sueña el rey que es rey, y vive
con este engaño mandando,
disponiendo y gobernando;
y este aplauso, que recibe
prestado, en el viento escribe;
y en cenizas le convierte
la muerte (¡desdicha fuerte!):
¿que hay quien intente reinar,
viendo que ha de despertar
en el sueño de la muerte?
Sueña el rico en su riqueza
que más cuidados le ofrece;
sueña el pobre que padece
su miseria y su pobreza;
sueña el que a medrar empieza,
sueña el que afana y pretende,
sueña el que agravia y ofende,
y en el mundo, en conclusión,
todos sueñan lo que son,
aunque ninguno lo entiende.
Yo sueño que estoy aquí
destas prisiones cargado,
y soñé que en otro estado
más lisonjero me vi.
¿Qué es la vida? Un frenesí,
¿Qué es la vida? Una ilusión,
una sombra, una ficción,
y el mayor bien es pequeño:

que toda la vida es sueño,
y los sueños, sueños son.
(*La vida es sueño*, Pedro Calderón de la Barca)

Han pasado siglos desde que Calderón de la Barca escribió estas líneas y siguen tan vigentes hoy como ayer. Seguimos preguntándonos qué es la vida, para qué vivimos y cuál es el significado de todo esto. ¿O será que somos... insignificantes?

Para empezar, la vida no es ni un sueño ni una ilusión, ni una sombra ni una ficción. Es una búsqueda y un proceso.

La vida es una búsqueda de significado en el proceso de volvernos reales, porque no, no seremos reales ni tendremos significado a no ser que nos hagamos reales, y no nos haremos reales si no nos encontramos con nosotros mismos.

El encuentro con nosotros mismos se logra siendo auténticos, y cuando lo somos, entonces nuestras vidas adquieren significado. El significado se encuentra siendo auténticos.

El significado y la realidad de nuestras vidas están íntimamente ligados a la autenticidad. Sólo seremos reales si somos auténticos, y la autenticidad se basa en la verdad personal; pero como es personal es impromediable. Para promediar se necesitan dos o más. Lo personal es por definición impromediable. Cada vida auténtica tiene su propio significado.

Uno de los problemas existenciales en la vida del jamón es que quiere "encajar". Ansía normalidad y cree que la normalidad le dará aceptación externa. Es cierto, así es, sólo que la aceptación externa no es lo más importante en el proceso de volvernos reales. Lo fundamental para ser reales es la aceptación interna, que uno se acepte a sí mismo; que lleguemos a encontrarnos con nosotros mismos. La normalidad es externa y es promedio. La aceptación y la autenticidad internas son impromediables, únicas en cada uno de nosotros.

Como la vida es vivida parcialmente para fuera, entonces la normalidad tiene su lugar. Y como en la vida también vivimos parcialmente dentro, entonces también la autenticidad es imprescindible. La normalidad es externa. Para adentro hay que buscar la autenticidad.

In hoc signo vinces. El entonces emperador Constantino, el 28 de octubre del año 312, antes de una batalla en las afueras de Roma, en el puente Milvio sobre el río Tíber, vio en sus sueños una cruz en el cielo y sobre ella las palabras: *In hoc signo vinces*. Dice la tradición que Constantino, portando una cruz como estandarte, derrotó a su opositor, Magencio. ¿Habría sido real la conversión de Constantino? ¿O quería nada más encajar en la nueva normalidad de moda, el cristianismo? ¿Habría sido una estratagema política para ganar el imperio? Nuevamente, ¿cuál es la verdad? La verdad es personal y nadie nunca la sabrá, pero la tradición queda ahí como un hecho... y apunta al signo.

"Yo soy la verdad, el camino y la vida. Nadie va al Padre sino por mí" (Juan 14:6). Ése es el signo: la verdad, con su pareja, el amor.

La verdad es vertical; el amor, horizontal: ése es el signo. El amor va de horizonte a horizonte, todo lo cubre. La verdad se alza hasta el cielo. Ése es el signo. Es una cruz.

Sólo mediante la verdad y el amor se llega al padre. Estamos en la vida para amar y volvernos verdaderos... para volvernos *reales.* No llegamos a la existencia siendo reales. Llegamos a la existencia como una exhalación, para hacernos reales.

No existe jamón auténtico. Sólo hay jamón "normal" o anormal, y la normalidad solamente es externa. El jamoneo no es más que jamoneo. Es una gran paradoja. Creemos que el jamón es auténtico, y no, no existe autenticidad jamónica. Para volverse auténtico, el jamón tiene que transustanciarse, y entonces deja de ser jamón. En la vida del jamón, la normalidad externa no se traduce en autenticidad interna. Todo jamón es 100 por ciento jamón. No hay nada en la vida del jamón que le confiera significado, que lo haga auténtico. Y eso sí: su normalidad suele ser nada más que una ilusión, casi un sueño, una ficción. La verdadera realidad —valga la redundancia— es interna, y ésa se hace, constantemente, en uno mismo. Uno es real en tanto que es verdadero, y sólo adquirimos significado cuando llegamos a ser reales. No basta ser reales una vez. Hay que serlo constantemente, instante a instante, paso a paso, día a día. El significado se encuentra así, mediante la verdad y el amor. La verdad y el amor son vivos. Es únicamente con la verdad y el amor vivos en nosotros que adquirimos realidad y significado. Así es como incorporamos el signo. Así como instalamos la trinidad, igual instalamos el signo.

El pobre jamón para ser aceptable tiene que ser "normal", tiene que contar con el sello de aprobación del Departamento de Agricultura, "USDA". Ay, pero el pobre cerdo tiene que sacrificar tanto para volverse jamón: tiene que sacrificar su vida misma. Y lo mismo ocurre con la gran mayoría de nosotros: sacrificamos nuestras vidas ante el altar de la "normalidad". Pero,

¿saben qué? La verdad nunca es normal; no puede serlo porque es personal, individual; no se mide promediándola con nadie. Ni el promedio de mil verdades ni el promedio de un millón de verdades dará como resultado verdad alguna. Toda verdad es por naturaleza individual.

La sociología habla de un gran compromiso social: sacrificamos derechos individuales en aras del bien mayor. Bueno, eso será muy correcto en el mundo externo, en el mundo del jamón, en el mundo... de todo el mundo, pero no es correcto en el mundo de uno. En el mundo de uno no hay promedios, no puede haberlos, y si los hay, pertenecen al jamón: nos habremos jamonizado. Habremos matado el cerdo por *querer* ser jamón. *Querernos* no es lo mismo que amarnos. El amor sólo se conjuga con la verdad. El querer se conjuga con mil cosas: hormonas, ansias, situaciones, condiciones, deseos, etcétera.

Ahora: la jamonización de todos nosotros es inevitable, y también eso es una verdad que debemos aceptar. Sólo cuando todos aceptemos que somos en parte jamón, que el jamón es parte inevitable de todos nosotros, y que también hay que satisfacerlo, sólo entonces el jamón dejará de ser una carga en nuestras vidas. Sí: como es verdad que tenemos que llevarlo siempre con nosotros, por esa razón es mejor darle patitas que cargarlo, ¿no?

En la existencia todo, todo se jamoniza. Hasta lo más sagrado. Así pasa incluso con las grandes religiones. El cristianismo es una jamonización del legado de Jesús, un hecho que ocurrió después de su muerte. Jesús nunca, en todos los años de su vida, respondió al nombre de Cristo. Jesús nació y murió judío. El nombre de Cristo es una jamonización griega posterior a Él. En el griego clásico *christos* quiere decir untado, ungido. La naturaleza jamónica del cristianismo hizo de Jesús... Cristo: cubierto, ungido, lo cual no lo invalida. También es válido el lado jamónico del cristianismo, así como lo es el lado jamónico de toda otra religión; pero, para encontrar la verdad en una religión hay que vi-vir-la. No basta con llevar su nombre. Sólo vivida puede una religión ser auténtica, y hay que admitir que la religión vivida no puede reclamar mucha normalidad que se diga: ¿o será normal que los sacerdotes católicos sean célibes, que los judíos practiquen la circuncisión y que en la santería afrocaribeña sacrifiquen animales?

Hay que aceptar la normalidad sin perjuicio de la autenticidad. Mientras no haya oposición entre ellas será fácil ser normales y auténticos. Cuando se oponen, lo fácil es irse por la "normalidad", pero para ser reales hay que irse por el lado de la autenticidad, siempre por la autenticidad. Hay que tener la audacia de ser auténtico. *L'audace, l'audace, toujours l'audace.* La audacia, la audacia, siempre la audacia.

XVIII

Las guías del jamón

¡Ay, el jamoncito! El jamoncito es muy poco audaz. No le gusta mirarse para dentro, ya que sabe que es jamón. Le gusta mirar para fuera, a todo ese mundo que está fuera de la vitrina en la que está, y quiere todo lo que ve. Quiere ser automovilista, gerente, amante. Quiere vestirse de lo mejor, quiere que lo vean, que lo estimen, lo gratifiquen y le den cuanto él desee. Quiere ademanes, quiere gestos, quiere olores, colores y sabores... El jamón quiere todo sin arriesgar na-da, ni una sola tajadita de sí mismo. Para eso instaura las tres *P*, para guiarse por ellas. El lema de las tres *P*: posición, posesión y poder.

La posición: si estás en un buen lugar en la vitrina, ¡huy!, la gente te va a querer. Buena posición, buena posición en la vitrina, eso es muy bueno para el jamón. Eso te va a dar mucho control sobre los gustos de los demás. Te van a ver y te van a desear. Y quiere tener buena pose: oh, verse elegante, saber sus palabritas en francés e inglés, verse como modelo en revista de modas. La pose es parte de la posición. Quiere buena pose en su posición.

La posesión: imagínense que el jamón viene con un buen paquete bajo el brazo. No es un paquetito común y corriente, no. Su paquetito es "extra". Todo lo que venga con el jamón lo puede hacer todavía más... atractivo. Jamón con... chorizo, jamón con vino, jamón con queso, todo en un solo paquete. Oh, ¡rápido!, quiero eso. Títulos, cultura, fama, mientras más, mejor. Sí, hasta la cultura de la que muchos nos jactamos suele no ser más que una posesión más.

El jamón quiere buena posición y buena posesión. Lo ves y lo quieres. Añadan a esto un jamón con poder.

El poder: el poder del jamón es lo más ilusorio que hay, ¿no es verdad? ¿Qué poder puede tener el jamón? Y, sin embargo, es inevitable que el jamón quiera ser poderoso.

Sueña el rey que es rey, y vive
con este engaño mandando,
disponiendo y gobernando;
sueña el que afana y pretende,
sueña el que agravia y ofende,
y en el mundo, en conclusión,
todos sueñan lo que son...

Y el jamón sueña que tiene poder. Puedo, sí puedo. Puedo esto, puedo lo otro, puedo volar. ¡Imaginen un jamón alado! Imaginen un jamón con bastón de mando: un jamón que pueda mandar, ordenar, perdonar...

Son las tres guías de acción en la vida del jamón. El jamón se guía en su acción por la posición, la posesión y el poder que pueda obtener, sin darse cuenta de que en el fondo, pase lo que pase, esté donde esté, tenga lo que tenga, seguirá siendo nada más y nada menos que jamón.

La confusión del jamón

¡Qué jamoncito más confundido! Cree que es... como es. Qué raro, ¿no? Nos pasa a todos, todos los jamones: creemos que somos como somos.

Dicho jamónico número uno: "Soy como soy".

Define su ser por su *manera* de vivir. Cree que su manera de vivir es su ser.

Ecuación jamónica número uno: "manera de vivir = ser".

Lo que define la manera de vivir del jamón son las tres *P*, su posición, sus posesiones y todo el poder que pueda ejercer, su fama, su dinero, todo su entorno, y todo lo que existe en general. ¡Menuda confusión! Nos confundimos con todo.

Para unos su ser emana de su existencia; es una emanación de su persona. Para otros su existencia, la persona, es un producto de la esencia de su ser. En realidad no importa qué provenga de qué, si el huevo proviene de la gallina o si la gallina proviene del huevo. Lo que importa es que son dos cosas distintas. Una cosa es gallina, otra cosa es huevo... pero el jamón los confunde. Confundimos lo que somos con la *manera* como somos. Así es el punto de vista jamónico.

El ser es muchísimo más que la persona que existe y que la expresión de esta persona en cualquier momento dado.

Nuevamente recordemos que en todo momento no somos más que la más fina rebanadita de todo el gran jamón de nuestra vida.

Para aquellos con punto de vista jamónico, el ser se define por la persona y ésta por la manera como existe. Para los jamones, el valor de su ser y el valor de su situación son lo mismo. Tanto tengo, tanto valgo. Estoy en mejor lugar, por lo tanto soy mejor. Puedo, por lo tanto soy.

El jamón cree que su valor depende de las tres *P*, y como las *P* se compran y se venden, nos hemos acostumbrados a ponerle precio al ser. Es así que decimos que más vale jefe que empleado. El jamón vale lo que cuesta. Confundimos valor con costo. Confundirlos es una característica original del jamón. Es parte de la confusión original.

Ecuación jamónica número dos: "valor = costo".

Es algo tan común en el mundo, tanto que no nos damos cuenta cuando lo hacemos. Vivimos en esa confusión. Está en el aire que respiramos. Y sólo cuando nos demos cuenta de la confusión con que nos valoramos a nosotros mismos podremos empezar a valorar de manera adecuada a los demás y a nosotros mismos también.

El valor de uno no radica en su condición. Radica, si se quiere, más en su dirección ¿Hacia dónde te diriges? ¿Hacia fuera, escapando de ti? ¿O hacia dentro, buscando el encuentro?

El valor de uno también se puede medir por la profundidad en que ha quedado enterrado su ser dentro de sí. El ser es el depositario del amor y la verdad. Busca cuán hondo están enterrados dentro de ti el amor y la verdad y tendrás una idea aproximada de tu valor. El valor del ser está más allá del "con qué se vive" y del "cómo se vive", y en el fondo el único juez de nuestro valor es Dios. A nosotros sólo nos queda amar. Amando transformamos desprecio en compasión y rechazo en caridad. Amando damos valor y lo obtenemos también.

El jamón poseído

Cuando hablamos de "posesión" en términos espirituales nos vienen a la mente escenas de alguna película de terror, de exorcismo o de ciencia ficción, pero la posesión espiritual no tiene nada de ficticio. Es concreta y real. No es imaginaria. Es que la posesión del espíritu se da en manos de la *forma*, de la materia y sus emanaciones. Somos poseídos por el alcohol, por las drogas, por una "manera de vivir" o por otra, por tales o cuales costumbres, por hábitos, temores y pasiones, por hambre, sexo, etcétera. Las cosas que nos poseen son tan reales que llegan a controlarnos, privándonos de libertad.

Es tan común esta clase de posesión que la inmensa mayoría no nos damos cuenta de que estamos poseídos. No nos damos cuenta porque ésta es una posesión al revés: nuestras posesiones nos poseen. No podemos ver el bosque porque estamos en medio de él...

Nos volvemos prisioneros de nuestras conquistas. Una persona lucha y se desvive por poseer a otra, y cuando hemos llegado a poseerla, esa persona se convierte invariablemente en carga. El jamón ve a su esposa y no sabe qué lo poseyó cuando pensó que la quería. Pronto la persona conquistada se convierte en tormento inaguantable... Lo conquistado se convierte en prisión. El poseedor se convierte en poseído.

Hay por eso que tener mucho cuidado con lo que se quiere poseer. Posesión tiene que ver con obsesión, con querer, acaparar y controlar.

Ahí esta uno de los significados del maná que según nos cuenta el libro del Éxodo caía del cielo para el pueblo de Israel, y que podía comerse hasta la saciedad todos los días sin guardar nada para el día siguiente porque se malograba: el deseo, la obsesión, el control, el acaparamiento, eso es posesión. Pudre y mata.

El error no está en la posesión titular de las cosas sino en el deseo. El deseo es de nosotros y vuelve a nosotros. Encierra. Es egocéntrico. Y la preocupación por lo que se desea mata. Ésa es su característica. Separa. Aísla. Es, cuando menos, estéril. Rompe la comunión con los demás. Hay que desear poquito, con mucha moderación.

El deseo excesivo —la preocupación por lo que se desea— mata la vida y alimenta los Goliat del alma, y como uno es al final atrapado por sus posesiones, hay que ser muy cuidadoso con lo que se busca poseer. Por eso, sólo hay dos cosas que se pueden buscar sin temor alguno: verdad y amor. Así, si uno llega a poseerlas, será a su vez poseído por la verdad y el amor.

La más profunda, la más devastadora de las posesiones es la posesión en manos de uno mismo, la posesión del ego, la del nombre de la persona. Quieres ser "alguien" y ese alguien te atrapa. Es lo que se llama egolatría. La egolatría es muy difícil de dejar en el camino al renacer. De ahí viene esa noción común a muchas religiones, de no "adorar imágenes". Se refiere a la imagen de uno mismo, a la imagen que levantamos de nosotros mismos y ante la cual solemos quemar todo.

Poder, posición y posesión, aquello por lo cual nos esforzamos en el diario vivir, aquello cuyo logro y manutención orienta la actividad diaria de nuestras vidas suele no ser sólo instrumento de orientación, sino también de posesión.

El jamón es poseído por sus posesiones, su poder y su posición.

Creemos que nuestras posesiones nos pondrán en tal o cual posición. Creemos que de nuestra posición se derivará el poder que podamos ejercer. Creemos que el poder nos conferirá autoridad, y finalmente creemos que la autoridad nos dará derecho... a lo que sea. Menudo salto que da el jamón, ¿no? Empieza con posesión y acaba con derecho.

El logro de las tres P, posesión, posición y poder, sirve de guía para nuestra actividad diaria. En la guía para la vida del jamón solamente hay tres flechas: una dice posesión, otra dice posición y la tercera dice poder. Y como orientan nuestra actividad jamónica, estas tres $\bar{P}$ se convierten en el "sentido" de nuestra existencia jamónica.

La fama, la influencia, el dinero, etcétera, se convierten así en el "sentido" de nuestras vidas. Pero éste es un sentido... sin sentido propio. Es un sentido hueco.

Como orientadores de la vida, a pesar de ejercer esa función *de facto*, el dinero, la fama, el poder, las posesiones, la influencia, la "felicidad" (hay una auténtica felicidad en el gozo de amar), de nada sirven por sí solos. Son insuficientes y muchas veces falsos; porque no tienen orientación propia. El error está en dejarlos hacerse cargo de la orientación de nuestras vidas, de toda nuestra actividad cotidiana. Y eso es lo que solemos hacer en casi el 100 por ciento de los casos.

Incluso la familia y la salud misma no son el objetivo de la vida:

> Si alguno quiere venir a mí y no se desprende de su padre y madre, de su mujer e hijos, de sus hermanos y hermanas, e incluso de su propia persona, no puede ser discípulo mío. El que no carga con su propia cruz para seguirme luego, no puede ser discípulo mío.
> (Lucas 14:26-27)

Lo que no quiere decir que familia y salud no sean importantes. Lo son, y muy importantes, pero incluso la familia y la salud pueden ser obstáculo para llegar a la verdad y el amor.

En cuanto al dinero, la fama, el poder, y todas estas cosas... sirven, sí, por fuera, pero nunca por dentro, y sólo son válidos si no obstaculizan al ser interior, si se encuentran y son utilizados en verdad y en amor, como instrumentos y no como guía. Y, en cuanto a los seres humanos, todos, comenzando por los que están más cerca de nosotros, incluyéndonos a nosotros mismos, todos merecen, reclaman y necesitan amor, y por lo tanto no deben ser tratados jamás como instrumentos, sino como auténticos recipientes de nuestra verdad y amor.

Los verdaderos orientadores del ser son dos y nada más que dos: la verdad y el amor. Todo el resto es nada en lo que se refiere al propósito de la existencia. En nada más está la razón de nuestra vida. Debiéramos responder sólo a la atracción del amor y la verdad. Ellos debieran ser los polos del imán que nos mueve a diario, a pesar de que para la mayoría y en la gran mayoría de los casos no es así. La mayoría somos manejados por los instrumentos de la vida.

Para servir correctamente, los instrumentos deben subordinarse. No deben manejar sino ser manejados. No deben atraer sino sostener. Tienen que adquirir un sentido ajeno a sí mismos porque en sí mismos los instrumentos carecen de sentido. Los únicos que dan sentido son la verdad y el amor.

XIX

La aceptación y el perdón del jamón

Aceptación y perdón suelen darse casi al mismo tiempo. Habiéndose aceptado, el jamón se perdona a sí mismo. Ese famoso perdón de los pecados que todos buscamos y que las religiones ofrecen, ése no es un perdón que venga de afuera. Es un perdón que viene de adentro, de nosotros mismos.

Yo conocí a un señor que no pudo perdonarse. Se llamaba Dan White y era uno de los supervisores de la ciudad y condado de San Francisco. Había sido bombero y, en la quizás ciudad más "gay" de Estados Unidos, era muy homofóbico. Su mundo interno se había venido derrumbando cuando un día Dan White mató a Harvey Milk, colega suyo en la cámara de supervisores. Harvey Milk era abiertamente homosexual. Después de eso, Dan White mató también al alcalde de San Francisco, George Moscone.

El juicio a Dan White fue célebre en San Francisco, donde yo trabajaba en ese tiempo como director de noticias, presentador y reportero para la KDTV. Asistí al juicio y quedé sorprendido por el éxito de su defensa. El abogado de White alegó que su cliente había sufrido de un desequilibrio químico, fruto de una dieta de Twinky, unos pastelitos rellenos de crema que White aparentemente devoraba como si no hubiese otra cosa que comer. Los Twinky, insinuó su defensa, fueron los que verdaderamente mataron a Harvey Milk y George Moscone. Dan White había sido, según los argumentos de la defensa, una víctima más de los Twinky. El argumento de la defensa se resume así: Dan White había sufrido de una disminución en sus facultades mentales y había caído víctima de una gran depresión fruto del exceso de azúcar contenida en su dieta de Twinky. Parecerá absurdo, pero el jurado aceptó ese argumento y emitió un veredicto de inocencia de los cargos de asesinato. A White sólo lo encontraron culpable de delitos menores, como haber entrado a la alcaldía por una ventana del sótano para evitar el detector de metales, portando un arma escondida.

En San Francisco hubo una "revuelta homosexual" al conocerse el veredicto. A mi camarógrafo, Iván Dávila, una turba gay lo golpeó y le quitó la ropa frente a la municipalidad el día del veredicto. A casi todos les pareció inverosímil el dictamen del jurado, incluso al mismo asesino absuelto, Dan White. Y es que el orgullo, el orgullo y la vanidad de Dan White eran tan grandes que no fue capaz de aceptar los argumentos de su propia defensa. Prueba de ello es lo que ocurrió después. Luego de un breve encarcelamiento White se fue a Los Ángeles, pasó luego unos meses en Irlanda, y a su regreso a San Francisco se suicidó en su automóvil, en la cochera de su casa, conectando una manguera del tubo de escape al interior de su automóvil.

White había sido incapaz de perdonarse a sí mismo. Somos invariablemente, o casi invariablemente, los jueces más implacables de nosotros mismos. Si no nos perdonamos a nosotros mismos, el castigo que nos imponemos suele ser terrible.

A mí me pasó algo muy parecido durante grandes lapsos de mi vida: era incapaz de perdonarme a mí mismo. Esa incapacidad, la raíz de esa incapacidad, está en el orgullo y la vanidad. Somos demasiado orgullosos para aceptar el perdón, incluso y de manera muy especial el perdón de nosotros, a nosotros mismos. ¡Ay! ¡Qué pobre es el orgullo del jamón! Al final de cuentas su orgullo es lo que suele crearle los mayores problemas, los que tiene consigo mismo. Yo sólo tengo una cosa que decir al respecto: si Dios es capaz de perdonarnos a nosotros —y el amor *todo* lo perdona—, si Él nos perdona, entonces ¿quiénes somos nosotros para no perdonarnos a nosotros mismos? ¿Y saben por qué no nos perdonamos? Porque no nos aceptamos, y esto sólo se debe a nuestra vanidad y a nuestro orgullo, a nada más.

Después de la aceptación está el perdón, y cuando no nos perdonamos, entonces usurpamos ese papel de jueces del bien y del mal que hicimos nuestro después de haber comido el fruto del árbol del paraíso... Entonces no hay juez más implacable que nosotros mismos.

El juicio y la humildad

He juzgado a otras personas de manera tan incorrecta... Juzgué, por ejemplo, a un homosexual que se convirtió en mujer sometiéndose a operaciones y tratamientos de hormonas. La historia la escribí en *El príncipe de los mendigos*.

Fue en 1978, a bordo de un avión en el que viajé de Nueva Orleans a Honduras. Este avión llevaba a Tegucigalpa a la primera transexual hondureña, Sigfrida —o Sigfrido— Shantall, un dentista que volvía luego de su operación de cambio de sexo. Honduras la esperó con una curiosidad que me trajo de inmediato a la mente una de las películas de Federico Fellini, cuando en *Satiricón* una multitud de la antigua Roma se abalanza sobre un hermafrodita para saciar su curiosidad. Esa multitud en Tegucigalpa era así, mostraba una curiosidad sobrecogedora, cruda, casi animal.

Veinte años después, en 1998, fui a Catacamas, Honduras, en busca de Sigfrida, con gran inquietud. A mí me había costado tanto pasar esos 20 años... ¿cómo habrían sido para ella? ¿Habría logrado lo que quería, cambiar su ser? Porque eso es lo que yo había querido hacer también: cambiar mi ser. Por eso corría, corría —sin saberlo— de mí mismo. En mi caso personal me pude dar cuenta de que correr de mí fue un gran error, pero de eso me di cuenta casi a pesar mío. Me di cuenta de que me era imposible dejarme atrás a mí mismo, que lo único que hacía era crear un monigote, una ficción de ser, un fantoche en substitución de mi ser real... un monigote desesperado que se alimentaba de todo lo que podía —tabaco, alcohol, drogas, fama, poder, posición, posesiones— en un intento desesperado por conferirse "realidad": algo imposible. En mi caso me resultó imposible hacerlo. La carrera fuera de mí mismo no fue más que un desenfrenado escape de una realidad en la que no lograba mantener el equilibrio. Al final tuve que dar marcha atrás y corriendo también, volver hacia mí, para encontrarme conmigo mismo.

¿Cómo habría tratado la vida a la Shantall? Después de todo, la carrera fuera de su ser había sido más extrema que la mía. Ella había llegado a alterar su cuerpo físico en busca de afirmar un nuevo ser dentro de sí. ¿Lo habría logrado? ¿Habría logrado, en primer lugar, ser real, habría logrado un ser real? Ésa es la pregunta que me formulé cuando fui a visitarla, porque si el ser que uno muestra al mundo no es real, entonces nada de lo que uno muestre va a ser real. Eso sería imposible. Un vaso poroso no contiene agua; pero si así era Shantall, un vaso poroso, el volver a depositar su ser en su vaso anterior no le sería tan sencillo como a mí; después de todo, había dado un paso irrevocable: había cambiado de sexo. Comprenderán la curiosidad que sentía.

"Consigo lo que quiero", nos dijo, "no le pido nada a nadie", "nunca le doy un centavo a nadie", "he tenido más hombres que los que puedo recordar". Tenía la cara llena de maquillaje, pero no lograba ocultar completamente la barba que luchaba por salir por los poros de su rostro. Su último marido se había suicidado. Nos atendió con amabilidad. Nos mostró su casa. Su fachada era ella. Ella era su fachada. Nos despedimos sin que nos mostrara otro interior que el de su fachada; sospecho que ella misma no llegó a conocer su interior, y si lo conoció vivió aterrada de él. Después de todo, no había logrado salir del clóset. Dos meses después la mataron, a ella y a su empleada, a cuchilladas, en su casa. El autor del crimen permanece en la oscuridad. Antes de su muerte había llegado yo a la conclusión de que lo que vivía en ella no era real, de que se había perdido, que no había podido lograr el reencuentro consigo misma y que lo único que hacía era fingir… fingir que había encontrado su sitio en la vida.

Todo esto lo pensé 10 años atrás, sin darme cuenta de la arrogancia que significaba que yo juzgara la vida de la doctora Shantall. Me he dado cuenta de la altanería, la arrogancia, la vanidad, el orgullo y el miedo que me llevaron hace años a emitir juicio sobre la doctora Sigfrida Shantall.

¿Qué derecho tiene el jamón de erigirse en juez de otros? Si no es nada más que ja-món. El que esté libre de pecado que tire la primera piedra. Nuevamente: no es de nuestra competencia enjuiciar. Sí lo es amar. La verdad nos pertenece sólo en tanto y en cuanto amemos, y esa verdad es personal, no la podemos imponer a otros.

Otro caso parecido ocurrió alrededor de la época en que conocí a Shantall. Poco antes había conocido en San Francisco al reverendo Jim Jones, pastor de una iglesia llamada "El Templo del Pueblo". Esto también lo narré en *El Príncipe de los mendigos*.

Era 1977 y, en ocasión del 40 aniversario de la inauguración del Golden Gate, varios grupos religiosos hicieron una marcha contra el suicidio en el lado del puente que da a San Francisco. Para ese entonces, más de 500 personas se habían suicidado lanzándose a las aguas desde ese puente. Qué irónico resultó, un tiempo después, que en esa primera vez que vi a Jones, lo viera exigiendo la construcción de una rejilla que impidiese a los suicidas lanzarse desde el Golden Gate. Éste fue el mismo Jones que más adelante ordenó en Jonestown el suicidio de todos sus seguidores. Fue una época en que sobre San Francisco parecían cernirse nubes de borrasca.

Fueron las cumbres borrascosas de la ciudad. Hay un dicho del idioma español que viene a mi mente: "cuando llueve, llueve a cántaros". ¿Recuerdan 1968 —el año de cumbres borrascosas en Estados Unidos—, el año en que el país entero pareció enloquecer? En ese año nefasto se repetían cosas absolutamente increíbles. La guardia nacional disparaba contra estudiantes, en el país se asesinó a dos de nuestros líderes, dos luces brillantes: en pocas semanas mataron a Bobby Kennedy y a Martin Luther King. Pues bien, a San Francisco le cayó y le volvió a caer una calamidad tras otra en esa época.

Jim Jones era un *facilitador* en San Francisco. Su secreto estribaba en el control que ejercía sobre varios cientos de los más pobres de la ciudad que dependían de él para todo. Los pobres fueron su instrumento. Los movilizaba en autobús a cualquier lugar para crear múltiples e instantáneas manifestaciones en apoyo de una causa u otra. Se convirtió así en el patrocinador de más de un candidato político, el alcalde Moscone entre ellos. Jones llevaba multitudes a sus mítines, y esos políticos le garantizaban a cambio la asistencia social federal de Estados Unidos para "sus" pobres, y con esa asistencia Jones se aseguraba el control de sus seguidores. Era un círculo vicioso, la serpiente comiéndose su cola... y finalmente los devoró a todos. Tengo una multitud, la traslado a cualquier lugar: ése era el secreto de Jones. Fue así como llevó a los futuros suicidas de Jonestown hasta el puente del Golden Gate en ese día de la marcha contra el suicidio. Recuerdo haber estado allí con mi camarógrafo.

Varios de los pastores, rabinos y sacerdotes se refirieron al puente como un monumento a la belleza fría e inhumana de nuestra sociedad mecánica, como un monumento a la muerte contra el cual exigían acción. Todo esto lo grabamos, hasta que llegó el turno de hablar a Jim Jones.

Jones pronunció un discurso tan deshilvanado, tan patéticamente emocional y con tan poca coherencia que, mirándolo y escuchándolo hablar, me dio vergüenza ajena. Habló de cómo la noche anterior había soñado con el suicidio, de cómo esto lo había conmovido, y de mucho más... y, entonces yo, sintiendo esa pena ajena por él, me di la vuelta y le dije a mi camarógrafo que no lo grabase. Cuando volvimos a KDTV me encargué de borrar lo que ya se había grabado.

Cuando escuché la noticia del suicidio en Jonestown me arrepentí de no grabar la totalidad y de no guardar aunque sea un poquito de ese discurso del reverendo Jim Jones.

Tremendo juez del bien y del mal resultó ser Jim Jones. Enjuició la realidad y ordenó a los suyos que se suicidaran.

El juicio del jamón

El pobre jamón no puede vivir un solo día sin juzgar. Juzgamos todo... todito. Que los zapatos me quedan bien, que los zapatos me quedan mal. Que Fulana de Tal es bonita y que la otra es fea. Que éste es inteligente y el otro es bruto. Que... qué cara es esta tela, y qué pretenciosa esa persona. Es inevitable. Es una de las características existenciales del jamón, aplicar juicio sobre todo y sobre todas las cosas. Así ha sido desde el momento en que comimos la famosa manzana en el paraíso. Procuren ustedes pasar un solo día sin emitir un solo juicio sobre nada y verán que es imposible. Tengo que ir al baño: a partir de allí, a partir de lo más físico y elemental nos la pasamos emitiendo juicios. Es porque somos conscientes. Es porque tenemos conciencia. El juicio es la ocupación de la conciencia. De lo contrario, sabríamos qué hacer o no hacer, qué pensar o no pensar, de manera automática. Se puede decir que la mente consciente es producto de la manzana. Después de todo, Adán y Eva se dieron cuenta de su desnudez sólo después de haber comido la manzana. Ahora: ¿qué vino primero, la mente consciente o el comer del fruto del árbol del conocimiento? De nuevo, ¿qué vino primero, el huevo o la gallina? Da lo mismo. El hecho es que son cosas separadas, pero en el caso de la condición humana se mezclan. Comemos dándonos cuenta y eso, eso nos coloca en la mira del juez, del juez dentro de nosotros. Es así desde el momento en que adquirimos conciencia, desde que comimos del fruto del árbol del conocimiento de la ciencia del bien y el mal. Ahora, ¿eso será bueno... o malo? Nuevamente, no nos corresponde ese juicio. Sencillamente es así. Es parte de nuestra condición jamónica estar siempre asumiendo el papel de jueces aunque ese papel no nos pertenezca. Estamos atrapados, sí, entre el bien y el mal... dentro de nosotros mismos.

Hay una manera de escapar de esa trampa. Consiste en unir los pensamientos con nuestros sentimientos.

XX

La transustanciación del jamón
Cómo des-atraparnos.

El jamón está entre el bien y el mal. Así es como estamos nosotros: como una tajadita de jamón entre una rebanada del pan del bien y otra del pan del mal. Ahí esta nuestro jamón de cada día. Estamos en ese espacio, a media agua...

En la filosofía oriental, el nuestro es el "mundo de en medio". En todo caso, aquí no estamos más que de paso: éste no es un lugar eterno, es un lugar de transición. Toda existencia es tránsito. En la existencia estamos, no somos. De la existencia o bien pasamos al mundo de "arriba", el del bien, o bien caemos al de "abajo", el del mal. Se pasa al de arriba volviéndonos reales. Adquirir realidad, acceder al mundo de arriba, es volverse uno, convertirse en *bien vivo*. Ésa es una transustanciación.

La transustanciación es uno de esos misterios que la Iglesia católica enseña: que la carne y sangre de Cristo se convierten en pan y vino, o mejor dicho, al revés, que el pan y el vino se convierten en Su carne y sangre.

"Caer" al mundo de abajo es una fragmentación. Uno sencillamente no llega a volverse uno, a "cuajar", a adquirir realidad... y queda fragmentado, se vuelve legión.

La gran discusión sobre el mal es sobre si éste existe o si es sencillamente una ausencia de bien. ¿Es el mal una presencia o una ausencia?

La verdad es una y la mentira es legión. Llegamos a la verdad "en la unidad del Espíritu Santo", en la trinidad. En el momento en que instalamos la trinidad en nosotros, en ese momento se inicia nuestra transustanciación... al bien vivo. Curiosamente, la posibilidad de llegar a la totalidad del bien vivo sólo se presenta en el momento de la muerte, cuando ingresamos a la eternidad, si es que nuestro ser ha llegado a la muerte en plenitud.

Quedamos "mal" cuando no hemos unido los fragmentos que hay en nosotros, y continuamos como legión. El ser fragmentado no ha llegado a cuajar, a ser real. No ser real es no llegar a ser. El mal es ausencia. Ausencia de ser y ausencia de bien. El bien es presencia.

Todo jamón vive entre el bien y el mal. Al final de su vida, el sándwich se separa en sus componentes, y el jamón, si ha llegado a transustanciarse, se va con el pan de arriba y se convierte en bien vivo, o se fragmenta y se queda con el pan de abajo. No hay otra alternativa. El jamón nunca permanecerá en el medio. Este mundo es meramente transitorio. El jamón, al final, estará en un lado o en el otro. El jamón pasa al terreno del bien volviéndose uno, volviéndose real. Si no nos volvemos reales, quedamos fragmentados: ése es el mal.

La vida es una posibilidad de transustanciación. Nos da la posibilidad de convertirnos en bien, o de quedarnos en el mal. Uno no se convierte en mal. El mal es una ausencia.

Para convertirnos en bien tenemos que volvernos reales. Así de simple es la solución. El bien no es figurativo, no es una apariencia, no tiene por qué ser idílico, ni manso, ni fiero. El bien es un atributo del ser real. Uno puede ser real en medio de la pobreza y el sufrimiento, o uno puede ser real en medio de la riqueza y el gozo. Da lo mismo: la cosa es ser real. ¿Será más fácil ser real en pobreza y sufrimiento que en riqueza y gozo? No. Es tan difícil ser real en un extremo como en el otro. Ése es otro de los significados de la igualdad en la vida: ser reales es igualmente difícil para todos, en cualquier condición y en cualquier situación. El reto de la vida, volvernos reales, es igual para todos.

Lo que el jamón busca, en la gran mayoría de los casos, es una buena apariencia. Eso nos lo inculcan desde niños, ¿no? Se nos inculca que hay que tener buena presencia, buena apariencia, pero eso no tiene nada que ver con el bien. El bien no tiene por qué tener "apariencia bonita", y hasta puede tener "presencia fea". No hay nada que indique que lo feo, duro y difícil sea malo de manera necesaria, pero nos pasamos la vida evitando lo feo, duro y difícil porque... sí, porque hay que tener "buena presencia", y en la búsqueda de buena presencia el jamón nunca llega a cuajar.

No hay que ir en busca del bien aparente. Lo que hay que buscar es el ser real. Buscando ser real se llega al bien. No se llega al bien buscando ser bueno. Es más, la preocupación por ser buenos generalmente es arrogancia y vanidad, termina en apariencia, y la apariencia "no es".

XXI

El jamón y la muerte

Recuerde el alma dormida,
avive el seso y despierte
contemplando
cómo se pasa la vida,
cómo se viene la muerte
tan callando.
(*Coplas por la muerte de su padre*, Jorge Manrique)

Son las coplas de Jorge Manrique a la muerte de su padre, escritas antes del descubrimiento de América. Han pasado siglos y siguen tan ciertas hoy como en el día mismo en que las escribió: cómo contemplando debidamente se da uno cuenta de cómo se pasa la vida y se viene la muerte, tan calladamente, ¿no? Se pasa la una y llega la otra como dijo el poeta: así, tan calladito, casi sin que nos demos cuenta. Los días pasan lentamente, pero los años corren y uno se pregunta: al final de la carrera de la vida, habiendo llegado ya a la meta que es la muerte, ¿habrá ahí ganadores y perdedores? ¿Quiénes ganan y quiénes pierden en el gran Las Vegas del existir? ¿Ganará el que se muere con más? ¿Perderá el que se muere con menos? Aquí, más de Jorge Manrique en el mismo poema:

> Nuestras vidas son los ríos
> que van a dar en la mar,
> que es el morir;
> allí van los señoríos
> derechos a se acabar
> y consumir;
>
> allí los ríos caudales,
> allí los otros, medianos
> y más chicos,
> allegados, son iguales
> los que viven por sus manos
> y los ricos.

Iguales, iguales: otro significado de la igualdad: en la muerte quién tiene y quién no, allí allegados son iguales quienes viven por sus manos y los ricos. Así como no ha de ganar quien haya disfrutado más, no perderá tampoco quien haya padecido más en la vida que dejó en este mundo.

¿Quién gana y quién pierde? Es una buena pregunta para la vida pero no para la muerte. Todo lo de este mundo, en este mundo se queda. Sólo lo que se reviste de eternidad llega a la eternidad, y el ropaje de la eternidad está hecho únicamente de amor y verdad, pero el jamón se preocupa por otra cosa.

La pregunta jamónica respecto a la muerte es: ¿habrá un "yo soy" después de la muerte? ¿Traspasaré yo, mi nombre, Guillermito, el umbral de la muerte, sabré quien soy? Ésa es la pregunta jamónica, y ya sabemos la respuesta: en la eternidad, quien reclama su individualidad y quiere brillar con su propia luz es Lucifer.

Otra pregunta es: ¿habrá un más allá? La respuesta también la sabemos ya: no, no hay un más allá. La eternidad no es un lugar. Tampoco es un tiempo. En la eternidad no hay ni dónde ni cuándo. La eternidad es *inubicable*.

Y luego está la siguiente pregunta, similar a la primera: ¿mantendré la conciencia de mi vida después de mi muerte? La respuesta también la sabemos: la conciencia no es el ser. Ni nuestras conciencias son nuestras vidas, ni nuestras vidas son nuestras conciencias. Nuestras conciencias no son nada más que la envoltura de nuestro ser en la vida. Es como la superficie de un planeta amplio, inmenso; y la superficie cree que es la dueña del planeta entero. Se cree dueña de la gran profundidad en su interior y de toda la inmensidad encima de ella. No es así. La superficie sólo es la superficie, y sin embargo para la gran mayoría nuestras vidas enteras se identifican con esa delgadísima capa, la conciencia en la superficie de la vida. Preguntarse si mantendremos la conciencia de nuestras vidas después de la muerte es darle demasiada importancia a la conciencia. La conciencia no es jefe. Es sirviente. La conciencia sólo ingresa si sirve al verdadero jefe, al ser, vestido de amor y verdad... y vestido de amor y de verdad la individualidad no es importante. La conciencia en la eternidad es transpersonal.

¿Y los sentimientos? ¿Los habrá en la eternidad? ¿Habrá dolor en el "infierno"? ¿Habrá gozo y placer en el "cielo"?

La conciencia es la superficie de nuestro ser planetario. Los sentimientos son su clima.

La preocupación por saber si mantendremos o no la conciencia, y en qué "clima sentimental" viviremos tras la muerte, no lleva a ningún lado. No es importante. Lo que sí es importante es preguntarnos qué ocurrirá con la sustancia de nuestra conciencia y con la esencia de nuestros sentimientos.

La sustancia está en la verdad, y la esencia en el amor. Eso es lo que nos debe preocupar. Son lo único que llevaremos y que nos llevará a la vida eterna.

Los lados de la trinidad eterna son la verdad y el amor, y sólo bajo ellos se ingresa en la eternidad. Ése es el triangulo circular. Quienes lleguen a él no tienen por qué preguntarse cosas como: ¿seguiré pensando, seguiré sintiendo, habrá un yo después de mi muerte? Estaremos allí en la unión común, en comunión total.

Sólo la verdad y el amor que se destilen de nuestras vidas, eso es lo único que importa y lo que aportaremos al gran Yo Soy.

Epílogo

Desiderata

Anda plácidamente entre el bullicio y la agitación,
y recuerda cuánta paz hay en el silencio.
Vive, en cuanto te sea posible, en buenos términos con los demás.
Di claramente tu verdad.
Escucha a todos, incluso al torpe y al ignorante,
ellos también tienen su verdad.
Evita a la gente ruidosa y agresiva,
son un fastidio para el alma.
Si te comparas con los demás te volverás vano y amargado,
porque siempre habrá quienes sean más grandes y más pequeños
    que tú.
Disfruta de tus logros así como de tus aspiraciones.
Mantén el interés en tu propia ocupación, por humilde que ésta sea:
siempre será un tesoro en el cambiante acontecer del mundo.
Sé cauto en tus negocios, pues la vida está llena de egoísmo,
pero no te cierres a la virtud que hay.
Muchos se esfuerzan por alcanzar ideales nobles,

y en todas partes la vida esta llena de heroísmo.
Sé tú mismo.
De manera muy especial, no finjas afecto.
Tampoco seas cínico ante el amor,
porque entre toda la desolación y el desencanto, el amor es tan perenne como la hierba.
Acoge dócilmente el paso de los años.
Abandona con elegancia los donaires de la juventud.
Cultiva la fuerza de tu espíritu para que te proteja en la adversidad.
No te dejes angustiar por fantasmas.
Muchos temores son fruto de fatiga y soledad.
Junto con una sana disciplina, sé bondadoso contigo mismo.
Eres una criatura del universo, no menos que las plantas y las estrellas.
Tienes derecho a tu existir,
y aunque te resulte claro o no, el universo marcha como debiese.
Mantente en paz con Dios, cualquiera sea tu concepción de Él,
cualesquiera sean tus trabajos y aspiraciones.
Mantén la paz de tu alma en medio de la bulla de este mundo,
que con sus farsas y desengaños sigue siendo un mundo hermoso.
Ten cuidado.
Esfuérzate por ser feliz.

("Desiderata", Max Ehrman. Traducción de Guillermo Descalzi.)